男孩，你该如何保护自己

崇　文◎编著

中国华侨出版社

·北京·

图书在版编目（CIP）数据

男孩，你该如何保护自己/崇文编著. --北京
中国华侨出版社，2024.6
　　ISBN 978-7-5113-8300-6

　　Ⅰ.①男… Ⅱ.①崇… Ⅲ.①男性—自我保护 Ⅳ.
①C913.68

中国国家版本馆CIP数据核字（2024）第 090741 号

男孩，你该如何保护自己

编　　著：崇　文
责任编辑：唐崇杰
封面设计：冬　凡
经　　销：新华书店
开　　本：710 毫米 × 1000 毫米　　1/16 开　　印张：8　　字数：80 千字
印　　刷：三河市众誉天成印务有限公司
版　　次：2024 年 6 月第 1 版
印　　次：2024 年 6 月第 1 次印刷
书　　号：ISBN 978-7-5113-8300-6
定　　价：49. 00 元

中国华侨出版社　　北京市朝阳区西坝河东里77号楼底商5号　　邮编：100028
编辑部：（010）64443056-8013　　传　真：（010）64439708
网　　址：www.oveaschin.com　　E-mail：oveaschin@sina.com
如发现印装质量问题，影响阅读，请与印刷厂联系调换。

前　言

　　这是一本专为男孩打造的自我保护手册，是送给男孩的成长礼物。书中从男孩成长的角度出发，针对当下高发的校园欺凌、青春期激素的躁动、交友不慎、见网友被骗、沉迷网络游戏等事件，对男孩可能面临的来自学校、网络、社会等方面的危险进行了分析，希望通过鲜活的事例，培养男孩的安全意识，帮助孩子掌握自我保护的技巧。文中有大量的故事案例，采用鲜活的真人事例，培养男孩的安全健康意识，掌握自我保护的能力。是一本适合父母和男孩共读的安全保护枕边书。

目　　录

如何应对生活中的意外 ………………………（49）

外出游玩怎样保障安全 …………………………（79）

男孩你要尊重生命，爱护自己

校园霸凌，暴力程度令人发指

近年来，关于校园霸凌的新闻不断涌现，霸凌方式繁多，暴力程度令人发指，远远超出了人们所能想象的范围。

一则"某小学12岁的副班长向同学索要钱财并逼同学吃屎喝尿"的消息受到了广大网友的关注。经查明，某小学12岁的副班长小赐（化名）因为有检查同学作业、监督同学背书的权力，经常借此向6名同学索要钱财。钱给不够，就逼迫他们喝尿吃屎。

一位学生家长爆料，他的儿子亮亮（化名）被同学扔进了厕所垃圾桶，垃圾桶里擦过屎的纸撒了孩子一身。据介绍，亮亮是班里的体育委员，同学鹏鹏（化名）觉得亮亮当体育委员的时候管他比较多，心里不舒服，就打击报复。事实上，鹏鹏平时也欺负亮亮，还给他起外号。鹏鹏还欺负其他同学，有时候甚至直接用拳头打同学的头。

网上流传出一段围殴事件的视频。视频里，一名男生站在墙角，遭到多名学生围攻，拍视频的学生还不断地提醒大家："挡到镜头了，让一让！"

男孩，当你看了以上三起校园霸凌案例后，你有什么感触呢？你会不会对施暴者恨得咬牙切齿，对受害者无比同情？与此同时，你是否也想搞清楚什么样的行为是校园霸凌，以及如何避免这样的事情发生在自己身上？

所谓校园霸凌，简单地理解就是对同学恃强凌弱。施暴者采用各种方法欺辱受害者，包括暴力围攻、威胁恐吓、语言羞辱甚至肉体折磨，比如，扔进垃圾桶、逼着喝尿吃屎等，对受害者的身体和心灵进行双重伤害。霸凌带来的伤害可以摧毁一个人的心灵，给人的一生带来难以磨灭的阴影。

而且校园霸凌事件的一再出现告诉我们：我们要提前预防校园霸凌事件的发生，不让自己成为受害者。那么，具体怎样预防呢？

1. 放学后结伴而行，不走偏僻小路

避免校园霸凌、校园暴力的第一个方法就是"惹不起，躲得起"，躲开有可能发生霸凌的路线，就能有效地保护自己的人身安全。比如，放学后要和同学结伴回家，不要走偏僻小路；有校车的尽量坐校车，如果父母有时间，可以让父母接送。

2. 不要和不太熟悉的同学外出

课间或者放学时，不要和不太熟悉的同学单独同行。如果不太熟悉的同学叫你出去，你要学会拒绝。你可以说："有什么事可以在教室里说！"实在不行，最好也不要离开走廊。这样可以把被霸凌的风险降到最低。

3. 低调行事，切勿争强好胜、出风头

做人要低调，做学生也应该低调。低调表现为不与同学争强好胜，不抢别人风头，不处处表现自己的优越感。尤其是青春期的孩子虚荣心强、嫉妒心重，如果你穿的都是名牌，用的都是高档产品，还经常在同学面前炫耀自己家多有钱，那么你就很可能成为某些暴力分子的"肥肉"。他们会在你毫无防备的情况下围攻你，并抢走你的钱和手机等贵重物品。而且一旦有了第一次，往往还会有第二次、第三次……

4. 积极参加体育锻炼，强身健体

为防止校园霸凌发生在自己身上，最好的办法就是让自己变得更强大。这种强大既来自内心的强大，同时也源于健壮的体魄。因此，平时要积极参加体育锻炼，如跑步、打篮球、游泳、拳击等，以提高身体各项素质。当你拥有健壮的体魄时，你会获得更多的信心和勇气，让你从生理和心理上都变得更强大。

5. 如果霸凌不幸发生，要向老师或父母报告

假如有一天，你不幸成为霸凌的受害者，请不要忍气吞声，被霸凌时要有勇有谋地保护自己，至少也应该记住施暴者的人数和体貌特征，以便事后及时向老师和父母报告。

生命可贵，必须得到应有的尊重

近年来，青少年犯罪、自残、自杀的新闻屡见报端。为什么这些孩子小小年纪就因各种问题选择轻生？为什么因为小小的摩擦，就对他人实施暴力伤害？这里面或许有很多原因，有的是因为学习压力大，有的是因为同学之间的矛盾，还有的是因为情感问题，但根本原因还是生命意识淡薄。

为什么有些男孩的生命意识如此淡薄？追根溯源，是由于父母对孩子生命教育的缺失造成的。孩子不知道生命的可贵，不懂得尊重生命、珍惜生命、敬畏生命。于是，在遭遇挫折和打击时，想不开了可能就会轻生；与人发生矛盾时，冲动之下也容易做出暴力伤人的行为。

殊不知，生命是一次单程的旅行，任何人都不可能重来。如果你放弃了自己的生命，那你将再也不能复生，只能给亲人、朋友留下无尽的痛苦和遗憾。

如果你伤害了他人的性命，那么你也将面临法律的制裁，因此付出自由或生命的代价。当然，这同样会给亲人、朋友带来痛苦和伤害。所以，男孩，你一定要珍惜自己的生命，同时也要尊重他人的生命。

"生命的意义是什么？"这是一个长期困扰着人类的难题，对于处于成长阶段的男孩来说，生命的意义不外乎好好学习、天天向上，热爱生活，与人为善，保持纯真和善良，爱自己，也爱他人。还可以尽己所能奉献爱心，多做对他人和社会有益的事情。比如，自觉地爱护环境、爱护花草树木、爱护小动物；去敬老院看望老人，到社会福利院做义工，照顾儿童；接触大自然中美好的东西，让内心充满正能量。

男孩，尊重生命不仅要尊重自己的生命，还要尊重他人的生命。我们每个人都是社会大家庭中的一员，尊重生命、关爱他人是我们的责任和美德。如果你发自内心地关心别人、帮助别人、宽以待人，你就能更好地融入集体生活中，你就会被爱围绕，生活就会变得更加美好。

生命是一条单行道，死亡是无法避免的。当你的亲人离世时，请不要压抑内心的悲痛情绪，坦诚地表达出来。不过悲伤终究不能代替你继续生活，悲伤之后还需坦然面对，继续快乐地生活，这样才对得起你逝去的亲人。

无论你有多大的委屈都不要自残

自残，顾名思义，就是人对自己的肢体和精神进行伤害。一般来说，对精神的伤害难以觉察，因此若不特别指明，自残主要是指对身体的伤害。自残不等于自杀，自残只是用利器割划自己的皮肤，或通过掐、刺、捏、打、烫等，制造身体的痛觉。自残者并不是真的想死，只是想发泄自身的不良情绪。

近年来，青少年自残行为骤然增多，自残者的年龄也在逐渐降低。自残情绪、行为的背后，有家庭的因素，也有学业压力的因素。比如，有个初中男孩，只要父母吵架，他就躲到卫生间里拼命地扇自己耳光；有个高中生，和父母吵架后，用烟头在手背上烫出多个疤；一名成绩优秀的初三学生，一旦没考到第一名，就当众拿刀片割手"自惩"。这样的例子还有很多，下面，我们再来看一个具体的例子。

一名13岁男孩因沉迷于手机游戏，多次被父母劝说仍然不改。后来爸爸责骂了他几句，他听后没什么反应，只是走进厨房，拿起菜刀朝自己的手腕连续砍了6刀。幸好没有砍到动脉，加上救治及时，才没有酿成悲剧。

自残是发泄心理上极端痛苦的一种不正常方式。一旦尝试，就会像染上毒瘾一样，很难戒除。原因很简单，自残行为之所以发生，就是当事人为了避免直接面对令他感到痛苦的事，避免承受那种心理痛苦，于是以自残的方式把它转移成可掌控的生理上的痛苦。虽然把痛苦转移了，但心理上并未真正释怀。所以，它不会使人减轻痛苦，相反还可能会不断卷土重来，使人自残成瘾。所以说，自残行为是非常可怕的。

男孩，自残是极不尊重生命的表现，无论你有多大的委屈都不要自残，也不要残害他人。你要记住一句话：一个人最大的敌人是自己，如果自己不想伤害自己，就不会被自残行为困扰。那么，怎样才能避免出现自残行为呢？

1. 打开心扉，多和父母交流

无论是在学习上，还是在人际交往上，遇到困扰的事情，都应该积极和父母交流，而不要把烦恼、困扰憋在肚子里。父母毕竟是过来人，对于你的困扰通常会有更深入、更理智的认识，可以给你提供有效的指导。比如，你学习很努力，但成绩不见提高，你可以把烦恼说出来，如果父母无法帮助你，还可以向老师请教。

再如，进入青春期后，你对男女关系问题有一些疑惑，也可以和父母交流，让父母为你答疑解惑。当你养成心中有了烦恼就倾诉出来的习惯后，你的内心就不会积压那么多负面情绪，也就不容易出现极端行为。

2. 和父母共同调整期望值

青少年自残行为的出现，还有一个很重要的原因是如今的孩子学业压力过大，特别是父母过高的期望，给孩子造成了沉重的心理压力。当成绩不理想时，父母会在孩子耳边唠叨，甚至批评责骂孩子，言语之中流露出对孩子的失望之情，这会让孩子很痛苦。有些孩子觉得对不起父母，但又苦于短时间内无法提高成绩，于是内心压抑，精神高度紧张，进而做出自残行为。因此，男孩，你要学会及时和父母沟通，提醒父母降低对自己的期望值，不要给自己太大的压力。同时，你也要调整对自己的期望值，不要处处要求完美。

3. 及时治疗潜在的心理疾病

男孩，自残行为的发生还可能源于急性或慢性心理疾病。比如，边缘型性人格障碍、抑郁症、恐惧症、强迫症等。当遇到紧急心理压力时，患者可能会反应消极、行事冲动，继而做出自我伤害的行为。因此，如果你意识到自己可能存在某些潜在的心理疾病时，一定要重视起来，及时向父母说明，尽早治疗，尽快摆脱心理疾病的困扰。这也是防止自残行为发生的有效举措。

天大的事情都不值得你放弃生命

一份名为《中国儿童自杀报告》的文章数据显示，在被调查的 2500 名中小学生中，24.39% 的中小学生有过自杀念头，即某个瞬间脑海中闪现出"结束自己生命"的想法。其中，认真考虑过这个想法的学生占 15.23%，计划自杀的占 5.85%，自杀未遂的占 1.71%。面对这样的数据，有人可能会问：他们为什么要自杀？到底有多大的事情让他们想不开，进而丧失继续活下去的勇气？请看看下面这些案例。

某校学生小张和小贾因琐事发生口角，后来被同学劝和，再上报给班主任。班主任让小贾在教学楼的走廊里自我反省，没想到班主任刚进教室，小贾就纵身从 6 楼跳下。

某附属中学一名男生从家中 11 楼南侧阳台跳下，原因是前一天考试成绩不理想，被父亲没收了手机，第二天向父亲索要手机未果，于是一时想不开而自杀。两天后，男孩母亲因情绪不稳也跳楼身亡。

某中学 3 名初三男生在教室玩扑克牌，班主任发现后遂将 3 名男生家长叫到学校配合管教。其中一位男生的母亲来校后，得知儿子在校玩扑克牌，一气之下扇了儿子两个耳光，然后她就进了班主任办公室。几分钟后，这个男生转身爬上围墙，纵身从五楼跳下。虽然男生被及时送往医院抢救，但还是因伤势太重而死亡。

看到这些血淋淋的真实案例后，我们内心在受到极大触动的同时，也不禁感慨：那些自杀的学生并没有经历"天大"的事，他们自杀的原因看起来都很平常，比如受到老师处罚、手机被没收、考试作弊被发现等。

为什么我们视如珍宝的生命，在孩子眼中却一文不值？为什么孩子的内心脆弱到这种地步？说到底，是这些孩子在面对困难和挫折时，不能及时地摆脱负面情绪的困扰，无法保持乐观、理智的生活态度。这是逆商低的表现。同时，由于他们对生命缺少正确的认识，不懂得珍爱生命，才导致了一个个悲剧的发生。因此，现在的孩子需要的不仅仅是文化教育，还有生命教育。简单地说，每个孩子都要学会正确地面对逆境，尊重自己和他人的生命。

男孩，具体来说，你要做到以下几点。

1. 培养忍耐力，提升意志力

发展心理学上的"延迟满足实验"表明，那些儿时能够等待和忍耐的孩子，在青少年时期的自控力更强。而在面对挫折和痛苦时，他们的抗挫力也更强，因此未来成功的可能性更大。相比之下，那些未经历等待和缺乏忍耐力的孩子，长大后则表现得较为固执、虚荣或优柔寡断，在遭受挫折时容易产生绝望和放弃的心理。因此，男孩，你现在有必要培养自己的忍耐力，提升自己的意志力。

建议你经常去运动，如打球、跑步、爬山、骑车等，在挥汗如雨中强健筋骨，提升意志力和忍耐力。你要知道，运动就是你成长的阳光和雨露，可以加速你的身体成长。同时，这也是积极、健康的压力释放和情绪宣泄方式。

2. 学会承担责任，勇于担当

在困难和挫折面前，轻易说放弃的人，是缺乏责任感的人，是没有担当的人。这样的人将来走向社会，在工作和生活中遇到问题时往往会找借口逃避，而不是积极思考、想办法解决问题。

男孩，相信你肯定不希望自己变成这样的人。那么，从现在开始就要强化自己的责任意识，做一个勇于担当的人。当你犯了错被老师批评时，要敢于承认自己的错误；当你的手机被父母没收时，要意识到自己玩手机时间太长，父母是为了你着想才这么做的；当你考试成绩不理想被父母批评时，要意识到父母不过是"爱之深、责之切"，要尽快找出问题，争取下次提高。当你有了这种思维改变时，你慢慢就会成为一个有责任感、有担当的人。

3. 做一个乐观、理性的孩子

美国可口可乐公司总裁古兹维塔曾经说过："一个人即使走到了绝境，只要有坚定的信念，抱着必胜的决心，仍然还有成功的可能。"如果每个男孩都具备这种乐观的生活态度，心头就不会被阴霾笼罩，思想就不会走极端。想成为乐观的孩子，首先要记住一句话：没什么大不了！然后再去想办法解决问题。

你不仅要做乐观的孩子，还要做理性的孩子。所谓理性，就是理智思考问题，不极端、不冲动。只有具备理性的头脑，遇事时才能够冷静、全面地考虑问题，不至于做出过激的行为，才能够避免伤害自己或者伤害他人。

再大的矛盾都不许剥夺他人的生命

青春期是少年身心变化最为迅速和明显的时期。这一时期，"叛逆"是很多男孩的典型标签。面对青春期的男孩，家长不得不小心翼翼。因为青春期孩子叛逆真的很可怕，可怕到超乎家长的想象，甚至让人感到后怕。

青春期原本是活力四射、朝气蓬勃的年龄，应该好好学习，天天向上。却不想冲动之下残忍地剥夺他人的生命，任意践踏法律的威严，做出害人害己足以让自己后悔终生的事情，真叫人痛心不已。

青少年行凶事件是法治问题，更是教育问题。它所折射出的是家庭教育、学校教育中的一个重大缺陷，即"对生命的尊重"的教育缺失。

男孩，你可以学习不好，你可以有不好的行为习惯，你也可以脾气不好，但是你的内心不能缺少真、善、美。就像爱因斯坦说的那样："照亮我的道路，并且不断地给我新的勇气去愉快地正视生活的理想，是善、美和真。"因此，任何时候，遇到再大的矛盾都不能剥夺他人的生命，这是对生命最起码的敬畏。

1. 管好你骨子里的攻击性

每个青春期男孩的内心都有一头"猛兽"，就像隐藏于海底的鲨鱼。有一天，当有人触动你内心的猛兽时，你就会像鲨鱼那样腾空而起，扑向那个触怒你的人。暴怒之下，你很可能会做出伤害他人的行为。有些男孩是父母心中的乖孩子，是老师心中的好学生，是同学眼中的好同学，却在某个时间节点成为触犯法律的杀人犯。这都是男孩本能的自尊心和攻击性在作怪。

攻击性是男人的天性，青春发育期的男孩也有这种天性。同样的事情会使男孩产生攻击性，却不会让女孩勃然大怒，只会使她焦虑不安。作为男孩，你必须管好你骨子里的攻击性，拴好那头"猛兽"。为此，你必须明白一个简单的道理：靠武力、暴力是解决不了问题的。

当你与他人发生矛盾时，你可以生气，可以愤怒，但请管好自己的双手，不要做出伤害他人的行为。比如，不要抄起东西砸向对方，或拿起尖锐物品刺向对方。你不妨提醒自己：君子动口不动手，除非在万不得已的情况下，比如遭到他人的攻击时，你才能进行自我防卫。

2. 男孩子要正确对待挫折

青春期男孩的自尊心很强，对待挫折又特别敏感，而挫折是导致男孩产生攻击行为的主要原因。心理学家曾做过这样一个实验：让一组男孩在长时间痛苦等待后，去玩他们期待的玩具。而另一组男孩没有等待，直接去玩他们期待的玩具。结果发现，事先没有长时间痛苦等待的男孩玩得很高兴，很爱惜玩具。而那组经过长时间痛苦等待的男孩却表现出极端的破坏性，他们会摔打玩具，或把玩具踩在脚下。

这是典型的挫折导致攻击行为的心理实验。它告诉我们，要想管好攻击性，还需正确对待挫折。

男孩，你要清楚自己未来的路还很长，你的一生会遇到很多挫折，你现在所遇到的挫折比起你将来遇到的挫折，简直微不足道。面对挫折，唯有去正视它，找到挫折产生的原因并加以分析、总结，并战胜它，你才能让自己变得强大，才能不断进步。对于人际关系中的矛盾和挫折，只要不是原则问题，都可以大事化小，小事化了。俗话说："忍一时风平浪静，退一步海阔天空。"你应该学会适度容忍、宽以待人，这样既能培养自己的心理承受力，又能避免产生攻击行为而对他人造成伤害。

3. 通过课余活动化解负能量

一味地容忍，一味地把负面情绪压抑在内心深处，既不利于身心健康，也不利于负能量的消除。因为当负面情绪累积到某个临界点时，所引发的负面效应将是毁灭性的。因此，男孩应该学会转移自己的注意力，通过丰富的课余活动化解内心的负能量。比如，踢足球、打篮球、唱歌、跑步等活动，都是释放和化解内心负能量的有效手段。当你与他人发生矛盾，内心郁闷甚至愤怒时，不妨到操场上奔跑，到篮球场上挥汗如雨，让那些负面情绪随着汗水排出体外，然后回家冲一个澡，再睡一觉，一切烦恼都会烟消云散。第二天起来，继续微笑着面对生活。

与别人发生冲突了怎么办

男孩之间磕磕碰碰、吵吵闹闹是再正常不过的事情。尤其是随着年龄的增长，到了青春期，男孩的自尊心、虚荣心特别强，很容易与人发生口角、摩擦甚至大的冲突。那么，男孩，当你与别人发生了冲突之后该怎么办呢？我们不妨先看一个案例，看看别人是怎样处理冲突的。

中学生小凡中午在食堂打饭时，看见一个陌生同学插到自己队伍的最前面，当时他忍不住大声对那个同学说："你怎么可以插队呢？请自觉排队！"

"我没有插队啊，我没饭卡，就想问问可不可以用钱来买饭菜！请注意你的说话态度好吗？"那名同学很委屈地说。

"可以用钱买饭菜，快到后面排队吧！别吵了！"队伍后面的同学提醒道。

下午上课的时候，老师带了一名新同学走进教室，小凡一看，居然是中午那名"插队"的男生。在那名同学介绍完自己后，小凡主动站起来说："很高兴和你成为同班同学，今天中午误会你了，对不起啊！"

新同学见小凡态度友好，笑着说道："没事的！以后还请多关照啊！"

男孩之间发生了冲突，完全可以像这个案例中的小凡一样，以友好的姿态主动道歉，化敌为友。而作为冲突的另一方，在对方道歉之后，也应该绅士地握手言和，而不是得理不饶人。这种友好、包容的姿态，才是处理冲突的最佳策略，完全不必像有些父母教育孩子那样："别人欺负你，你就要打回去！"或者像有些父母教育孩子那样："多一事不如少一事，忍一忍就过去了。"

下面，我们就来看看在发生冲突后，具体该怎样化解冲突。

1. 先找出冲突的原因

男孩，你与别人发生冲突时，不妨冷静地想一想，发生冲突的原因是什么。如果你找不到原因，不妨找"旁观者"帮自己分析一下，因为旁观者往往能够客观地分析问题，便于不偏不倚地找出原因。如果起因在于自己，那么就要及时向对方道歉，请求对方原谅自己。如果错在对方，也要找到恰当的时机与对方沟通，并表达出不计较的友好态度。切记，任何情况下，都不要冲动地用武力解决问题。因为武力解决不了问题，只会致使问题恶化，致使冲突愈演愈烈。

2. 尽量自己解决问题

当你和别人发生小摩擦时，最好不要轻易找父母或老师出面干涉，而是先要自己想办法解决。如果冲突实在无法化解，你再把事情告诉父母或老师，请他们帮忙出谋划策，给你一些指导和建议。你再参考他们的指导和建议去化解冲突，这样有利于锻炼你独立处理问题的能力，提升你与人沟通、交际的能力。

3. 请父母或老师帮忙

如果你和别人所发生的冲突很严重，你尝试了父母提出的一些解决办法也不管用，并且这个冲突深深困扰着你。那么，你可以请父母或老师帮忙，把事情的原委告诉他们，让他们作为中间人，来调解你们的关系。相信只要双方父母态度友好，只要老师公正客观地出面协调，再大的冲突也很容易得到化解。

和父母发生冲突，千万不要离家出走

不知从何时起，青少年离家出走已经不是什么新鲜事了。在与父母闹矛盾后，他们试图以离家出走的方式宣泄内心的不满，更是为了向父母表达反抗或吓唬父母，只是这种冲动行为太伤父母的心了。

2015年2月1日晚，在某市政广场附近，一位十多岁、背着书包、推着自行车的男孩在那里徘徊。市政特警支队的流动值班民警当即上前询问情况，男孩说他只是路过，于是民警没有多问什么。

到了凌晨1点，这个男孩还在附近徘徊，而且冻得瑟瑟发抖，民警赶紧把他带进警务室，并给他倒了一杯开水，还给他一些吃的，耐心地跟他聊天。面对民警的询问，男孩一开始沉默不语，只是不停地哭。经过民警一番耐心劝导，男孩的情绪有所缓和，才把自己的遭遇说了出来。原来，男孩名叫小天，今年13岁，1月30日和父母闹了矛盾，被父母训斥了几句，便生气地骑自行车离家出走了。他出走时带了一些零花钱，饿了就买东西吃，困了就睡在绿化带或墙脚。后来钱花完了，没钱买吃的，他也不知道能去哪里，只好在广场上徘徊。

民警根据小天提供的联系方式，与他的父亲取得了联系。拨通电话后那边传来了焦急的声音，很快他的父亲就来到了警务室。

小天父亲说，他平时忙于工作，对孩子疏于管教。1月30日下午，见孩子把家里弄得乱七八糟，就批评了几句，没想到孩子骑上自行车就走了。一开始他以为孩子只是去同学家玩，并没有在意。

到了第二天，父亲见孩子还没回家，就打电话给孩子的同学。同学都说没见到小天，这时父亲才慌了神儿，赶紧到辖区派出所报警，并在附近的网吧、旅馆寻找，直到接到民警的电话，他那颗悬着的心才放下。

男孩，父母含辛茹苦地养育你，你却受不了父母的几句批评教育，以离家出走的方式来和父母对抗，你知道父母有多伤心、多着急吗？你知道离家出走会给你的人身安全带来多大的隐患吗？我们经常在新闻报道上看到青少年离家出走后遇到坏人，被骗、被拐、被抢甚至遇害，从此和父母阴阳两隔的例子。想想这些可怕的后果，想想悲痛欲绝的父母，你还忍心离家出走吗？

我们知道，青春期的孩子内心非常敏感，加上没有与父母进行有效的交流，在被父母批评或与父母闹矛盾之后，内心的压抑情绪得不到宣泄。但这并不能成为你离家出走的理由，你也不能把离家出走当作威胁、吓唬父母的手段。因为一旦你离家出走并不幸发生了意外，那留下的将是无尽的悔恨。因此，相较于你的人身安全，你与父母之间的那点小矛盾真的不算什么。

男孩，随着你慢慢长大，你的思想、观念等也在不断变化和成熟。因为年龄、阅历、立场等的不同，在很多问题上，你和父母之间难免会出现分歧。但我们希望你无论是据理力争，还是激烈地辩论、争吵，都永远不要用离家出走的极端方式来释放自己的情绪。要知道，当你离开了家和父母的庇护时，或许有很多邪恶的眼睛在暗处盯着你们这些离群的"羔羊"。

如果你认同以上的观点，那么下次和父母发生冲突时，不妨参考以下几种方法来处理。

1.情绪稳定、态度平和地表明各自的观点

男孩，当你与父母出现意见分歧时，希望你尽可能心平气和地说出自己的想法，摆事实、讲道理。相信父母都是讲道理的人，看到你摆事实、讲道理，他们也会控制自己的情绪，不用家长权威来压制你。有了这种沟通的态度，你们才有可能进行心与心的交流。

2. 无论吵架吵得多激烈，都坚决不要离家出走

如果说，你和父母最终还是忍不住大吵了一架，那也没什么大不了的。只是你要记住，无论吵架吵得多么激烈，你都不要离家出走。你可以关上自己房间的门，让自己冷静下来；也可以短时间内不再理睬父母，以示抗议；还可以和同学打电话，倾诉一下内心的苦闷。这都没什么关系，但坚决不要离家出走。如果你实在想出去走一走，你可以去亲戚家或同学家住几天，但要明确告诉父母你的具体去向以及回家的时间，让爸爸妈妈了解你的行踪，从而保证你的出行安全。

3. 亲子间没有隔夜仇，换种方式发泄不满

男孩，除了离家出走，其实还有很多其他的方法可以使自己的情绪稳定下来，舒缓自己的郁闷。比如，做一些自己感兴趣的事情，看一会儿书，这些都是很好的排解烦闷的方法。这与离家出走相比，不但安全，还很有意义。

男孩，你要永远记住：你和父母之间血浓于水，你们之间没有隔夜仇，日常生活的小矛盾不会影响你们的关系和感情。所以，千万不要被愤怒冲昏了头脑，更不要抱着让父母后悔的想法而做出令自己终生遗憾的事情。

男孩，你一生平安是父母最大的心愿

男孩，在你还未出生的时候，父母曾对你的未来有过很多憧憬，希望你将来学业出色，成为一个有文化、有素质的优秀人才，希望你将来事业有成，能在工作中成为有担当、有影响力的精英，希望你生活快乐，工作顺利，婚姻幸福……但这一切憧憬，在父母用双手捧起你小小的身躯时，都化为一份虔诚的祈祷：孩子，父母最大的心愿是你一生都能平平安安。

男孩，你可知道人的生命是很脆弱的，就像天空的小鸟，有可能在你抬头的那一瞬间，就消失得无影无踪。因此，你要珍爱自己的生命，把人身安全放在第一位。只有时时刻刻想着安全的人，才能真正地享受生命的精彩。

有调查显示，意外伤害是青少年死亡的第一大原因。当一件又一件意外伤害事件出现在新闻里、网络上时，恐怕每个为人父母者都会发自内心地感慨：孩子，你一生平安是我们最大的心愿。

2018年12月29日，某县发生了这样一件事。一名14岁男孩因为对家里的绞肉机感到好奇，就去研究摆弄。在研究的过程中，他的左手不慎卷入绞肉机，结果手指严重受伤，鲜血直流。幸亏这名男孩有一些自我保护常识，他迅速冷静下来，找来手机充电线把左手的手腕紧紧捆扎起来，有效地止住了流血。然后他给妈妈打电话，在妈妈的陪同下紧急前往附近的医院治疗，最后保住了左手。

2017年1月12日，同样的事情发生在另一名6岁男孩身上，他就没那么幸运了。男孩的父母在菜市场卖肉，男孩对绞肉机很好奇。趁大人不注意，他把右手塞进绞肉机，并用左手按了一下电源。等到父母听到孩子痛苦的尖叫声时，才发现孩子的整个右手都绞进了绞肉机……令人心痛的是，发现时，男孩整个右手已经被绞碎，血肉模糊。医生表示，孩子手掌的功能严重损毁，没有修复的可能。也就是说，他的右手将面临残疾。

"安全重于泰山"，孩子的安全是父母最为牵挂、最为在意的事情。孩子能够一生平安，也是父母最大的心愿和最大的安慰。经常听到有些父母念叨：我不那么在乎孩子将来考不上大学，也不担心孩子将来找不到好工作，只要孩子一生平安，就是我们最高兴的事情，也是我们做父母最大的幸福。所以，男孩你要记住：任何时候，都要把自己的安全放在第一位，保护好自己才是对父母爱的最好回报。

1.要有强烈的安全意识，不要逞能、莽撞

男孩，所谓安全意识，就是在你的头脑中建立起来的安全观念，即对各种可能对自己或他人造成伤害的行为保持一种戒备和警觉的心理状态。比如，过马路的时候不要闯红灯，不能在马路上嬉戏打闹；在河边玩时，不要随便下水游泳，即使水的深度你能应对，也不能在水中和同伴打闹；不要为了逞能，为了表现自己比别人更勇敢而攀爬围栏、树木；不要玩火、玩刀或随便拆装、鼓捣有危险的电器（绞肉机、粉碎机、电风扇等）；不要轻信陌生人，更不能随便跟陌生人走；有人敲门，先问清对方是谁，或从猫眼里往外探个究竟；不要一个人走夜路……男孩，这些都需要你有强烈的安全意识。有了安全意识，你才会对可能存在危险的行为保持警觉，才能避免鲁莽行为而带来的危险。

2.正确对待批评和失败，不要自我否定

男孩，在你的生活和学习中难免会遇到一些批评，比如，课堂上表现不好，被老师批评；和同学闹矛盾，被同学们评价为"不好相处"的人。还会遇到一些困难，比如，升学考试发挥失常，学业之路受阻。遇到这些情况时，千万别想不开，认为自己这不行、那不行，做出自残、

自虐的傻事，更不能产生轻生念头。要知道，生活不可能一帆风顺，人生在世，难免有被人批评、否定的时候，难免会有输赢、成败，无论如何，你也不能自我否定，不能对自己失去信心，而是要学会乐观地生活。

男孩，当你被批评、被否定时，当你遭遇失败时，你的心情很可能沮丧、压抑，这个时候千万别眉头紧锁，房门紧闭，试着打开心灵的窗户，去和父母沟通，走到外面去放松身心。当你主动和父母诉说心事，并得到父母的安慰和引导时，你就会发现父母永远是你坚强的后盾。当你放眼看世界时，你就会发现自己遭遇的不如意根本算不了什么。

3. 成绩固然重要，但是父母更爱你

有些男孩成绩不好，看到父母失望的眼神，或见父母批评自己，就觉得父母不爱自己，然后感到非常沮丧，甚至产生自闭、轻生的念头。这种想法是非常错误的，要知道，父母对你学习上的要求只是为了让你更优秀，就算批评你，也不代表不爱你。相反，"爱之深，责之切"，父母严厉在本质上都是因为爱你。你要记住一点：学习成绩固然重要，但父母更爱的是你，这一点是不会改变的。因此，你要平平安安的，这是对父母养育之恩的最大回报。

怎样应对"碰瓷儿"

放学之后，王小群背着书包独自一人往家走，经过一个自由市场，突然有一个叼着香烟的青年从旁边走了过去，重重地碰了他一下，随之听见"咣当"的声响，一部手机摔在了地上。王小群当时并没有在意，而是继续往前走。

这个青年却把王小群拽住了："喂，你把我的手机碰掉了，摔坏了。你要赔偿！"面对这个青年的威吓，王小群感到奇怪："我并没有碰你啊，是你自己撞上来的。"

"你居然狡辩，这部手机是我新买的，花了我 600 元，难道我要自己把它摔坏吗？你赶快把钱给我，否则的话你别想走。"他一边说，一边朝王小群瞪圆了眼睛，挥着他的拳头。

看他这副样子，王小群想自己是遇到了"碰瓷儿"的了，这分明就是敲诈啊！怎么办？我要想想办法。

"我身上没有这么多的钱，你让我回家拿给你好吗？"王小群和他商量。

"回家？"这个青年似乎识破了王小群的伎俩，"等你回了家，我上哪里去找你啊？你现在有多少钱就都给我吧，要不然的话，今天就别想回家。"王小群心里有点着急，这可怎么办呢？这时他想到了要报警。

"我想起来了，我的卡里有钱，你等我去取好吗？"王小群再和他商量。

青年满意极了："嗯，行啊，我在这里等你。"

王小群趁这个机会赶快跑到了取款机旁，并请周围的人帮助他报了警。他假装在取钱，然后稳稳当当地走了出来。

"你可真慢，把钱给我就走人吧。"

"真对不起，我卡上没有钱了。我现在钱包里只有 10 块钱，都给你吧。"王小群开始和他周旋。

"嘿！你怎么回事，惹急了我揍不死你！老实点儿，让我翻翻你的钱包。"他有点急眼了。

"要不这样吧，你看看我的书包吧。"王小群说着，把书包里的书，还有作业本、文具袋，一个一个不紧不慢地翻给他看。其实王小群心里可着急呢：警察叔叔，你们快点到啊！

不一会儿，王小群就听见了警车的声音，大声喊道："在这里，这里。"

青年一看不妙，转身就跑，但最终没有逃过警察叔叔的敏捷身手。原来，这个青年经常用这种方法来欺诈小同学的金钱，已经有十好几次了。看来，王小群今天不仅成功保护了自己，还立了一个大功呢！

社会上有一些心术不正、好逸恶劳的人，总是虚张声势，专做讹诈蒙骗的恶事，极尽拙劣表演之能事。路遇讹诈，和他们相比，我们一般处于弱势，此时要保持清醒的头脑分析问题，不要被讹诈者的强横声势吓坏，盲目屈从而被骗钱财。应据理力争，巧妙地向旁人、父母、警察求救。

男孩缺乏社会经验和防备心理，往往容易受到骗子的欺诈而丧失钱财，因而外出时，必须特别小心谨慎。诈骗作案的手法多种多样：有的歹徒以做好事为幌子骗走你的钱财，如利用帮助你购买车（机、船）票或者提取行李包裹之机，把你的钱骗去，把包拎走；有的歹徒冒充车站码头工作人员，以查验车票为由，用短途票换走你的长途票；还有的骗子故意在你附近丢下财物，由其同伙捡拾后，强拦住你分钱，然后骗子以失主身份查验你的钱物，趁机偷盗作案。

也许，很多男孩在遭遇了讹诈之后会一时感到茫然不知所措，那么，此时要切记哪些要点呢？

（1）保持镇静，不要害怕，不要脑子发热，更不能鲁莽行事。要在人身安全确实有保证的前提下，采取必要的措施。

（2）分析问题，镇定自若。遇到突发的情况，不要被骗局迷惑。要从不同的角度分析问题，在细微地方发现"狐狸尾巴"。

（3）灵活机动，果断处置。如果当时环境复杂，情况对自己不利，也可以运用缓兵之计，先答应条件，确保安全脱身后，再及时报警。

遇到劫匪怎样保障人身安全

海洋在另一个城市读高中，放寒假的时候，海洋独自一人背着大包小包往家赶。由于临近过年，坐车的人特别多，路也堵。下车的时候天都黑了，也没有和家里人说好去接。

一下车，看着周围黑乎乎的一片，原本很熟悉的环境突然觉得很陌生。四处一看，只有前面小镇上有灯光，路上一个行人也没有。

海洋感觉有点害怕了，就拿起手机给爸爸打了一个电话，告诉爸爸现在的地址，让爸爸尽快过来接他。刚挂了电话，不知道从哪里冒出来一个人，戴着黑色的帽子，黑色的口罩，穿着黑色的风衣。海洋脑子里马上闪出一个念头："打劫的！"

不出所料，那个黑衣人果然是打劫的。他从怀里掏出一把明晃晃的匕首，走近海洋恶狠狠地说："别动，把身上值钱的东西都交出来。要是喊，小心捅了你。"海洋想呼救，朝四周看了一下：周围一个人都没有，距小镇还有一段距离，不会有人听见的。

自己曾经练过一段时间的跆拳道，海洋想与劫匪拼一下，看了一眼他手中的匕首，心里又很没有底。就想尽量拖延时间等爸爸过来，可是爸爸过来至少得半个小时，时间肯定不够。

想了想，还是人身安全要紧，仔细打量了劫匪几眼，就把兜里的钱掏出来给了劫匪。劫匪显然不满足，过去打开海洋的包，把他的钱包、手机等全部拿走了。临走，劫匪又一次威胁道："不许声张！"然后就快速消失在夜色里。

劫匪走后，海洋收拾起包裹，迅速跑到小镇上，马上报警。又给爸爸打了一个电话，爸爸赶到时，已经有警察在调查了。在这次遭劫事件中，海洋丢失了几百元现金、一部手机，还有一些证件，所幸自己没有受伤。

回到家，家里人都夸海洋做得好，遇到劫匪时，如果没有条件反击，最重要的就是保护自己的人身安全。

生活中可能发生各种意外，劫匪并非只有在电视剧中才会出现，他也有可能出现在你身边，对你伸出黑手。男孩们在遇到劫匪时，要镇定勇敢，与劫匪周旋，保证人身安全。下面就为大家介绍几种应对劫匪的方法。

（1）对劫匪高声呵斥，言辞要强硬，以强势的姿态将其吓退。

（2）如果歹徒扑上来，用泥沙、石灰、砖块、背包等身边的物品全力还击。

（3）倘若劫匪从背后袭击，脖子被其双臂勒住，可稍微转身，用肘部向后猛击劫匪的腹部或用脚猛踩其脚面和小腿，迫使其松开双臂，得以脱身。

（4）如果与劫匪正面遭遇，可以靠近劫匪，抬起膝盖向其下部猛击。如果劫匪穿着大衣或者比较灵活，建议不用此法。

（5）如果手头有伞或者其他带尖手杖等物品，可以用尖头部分狠刺劫匪。还可以两指岔并成"V"字形，攻击劫匪的眼睛。

（6）与坏人搏斗时要高声喊叫，尽量向灯光明亮处逃跑，同时尽快拨打"110"报警。

（7）如果歹徒强悍有力，自己又孤立无援，此时可佯装顺从，尽量拖延时间，并趁其不备全力将他推倒或狠击其致命处，使其丧失攻击力，迅速脱身。

（8）记下坏人的相貌特征、声音和穿着打扮，脱险后，马上打电话报警，向警方详细描述匪徒的情况。

舞好网络这把"双刃剑"

满脑子都是游戏怎么办

18 岁的小凯原本应该坐在宽敞明亮的教室和同学们一起学习，接受各种新的知识、新的文化。可是现在的小凯却只能在铁窗后面流着悔恨的泪水。小凯从初中二年级就开始进入网吧玩游戏，平时玩玩虚幻浪漫类的网游。心情不好的时候，还会玩一些恐怖暴力的游戏。他觉得在游戏里"打人""杀人"特别刺激，在那一刻，仿佛所有的烦恼都消失了，忘了繁重的功课，忘了和父母的隔阂，也忘了和同学的矛盾，取而代之的是一种强烈的快感。

迷上网络游戏的小凯，成绩一塌糊涂自是不必说了。不论课上课下，醒着还是睡着，脑子里总是不断地浮现游戏中的画面。"杀死他，抢他的武器。"连睡梦中的呓语都是关于游戏。

有一次，小凯又到网吧玩游戏，在网上与一个人对骂起来，气愤得不得了。后来发现两个人竟在同一个网吧里。小凯走上去，揪住那人的衣领就把他摁倒在地。这时候，脑子里一下就浮现出游戏中的场面。就学着游戏中的样子，拳打脚踢，甚至还摸出了随身携带的匕首，丧失理智的小凯挥出了匕首……幸亏保安及时赶到，制止了他，但是那个人已经被刺成重伤。在游戏中"走火入魔"的小凯就这样走进了监狱。

就是因为沉迷于不健康的网络游戏，小凯慢慢地分不清虚幻和现实。自己原本可以利用那些时间和精力做很多有意义的事情，可是现在只能在监狱里悔恨流泪。

网络游戏的虚拟性、隐蔽性和交互性，致使青春期男孩在网络游戏中能够随心所欲地宣泄自己的情感，做出现实社会规范所不允许的事情。遇到现实问题本能地想到用游戏中的规则来解决，无视社会现实和社会习俗。沉溺于网络游戏，将自己置身于虚拟的环境中，会使自己缺乏人际交往，逃避现实，心理产生自闭倾向和畸化，与社会和现实格格不入，又极大地浪费时间和金钱。

网络游戏会像吸食精神鸦片一样，使你丧失理性，脱离法制约束，丧失人与人之间的真诚，甚至会使人丧心病狂地抢劫、杀人、谋财害命，最终把自己送上刑场。因此青少年在思想上首先要筑起牢固的防线，提高明辨是非的能力。

想抵制对网络游戏的迷恋，可做以下尝试。

（1）游戏无限，时间有限。网络游戏不是人生的理想和目标，而是调节生活的手段和方式，两者不可错位。

（2）培养科学、健康的兴趣和爱好，把对电脑的兴趣转移到网页制作、网站建设、动画制作、电脑编程等网络知识方面。学会利用网络获取知识、获取信息、培养创造力，学会利用网络进行科学研究，学会利用网络资源提高学习效率。

（3）树立起科学的闲暇意识和闲暇态度，合理地安排自己的闲暇活动。热爱大自然，忘情于阳光、沙滩、海浪、草地、森林之中，在自然中培养情趣、放松身心。

（4）善于发现生活中的乐趣，树立比网络游戏更重要的目标，如朋友间的情谊，完成某一项探索活动等。

（5）遵守网络公共道德规范，严格自律，杜绝不健康的网站。遵守未成年人不得进入网吧的规定。

（6）如果发现自己过度沉迷或依赖网络游戏，要及时进行心理调适或向心理医生咨询。

避开网络诈骗的陷阱

黎强喜欢上网，不过他和其他喜欢上网的男孩不太一样，他不喜欢玩游戏，也不喜欢泡论坛，而是喜欢研究电脑技术。最近，黎强在一个群里认识了一个很厉害的网友。他自称是"黑客"，还教黎强怎么盗人游戏密码等，黎强很崇拜他。

忽然有一天，这个自称是"黑客"的网友让黎强在银行开个户头，往里面存500块钱，说他可以修改银行账户程序，往黎强的户头里面存很多的钱。黎强只是个初中生，零花钱很少，而他有许多想买的东西：最新出的电脑杂志啦、新款的运动鞋啦，还有给自己的电脑换个好配件……不过，黎强突然想到了爸爸常说的一句话：世上没有免费的午餐。他决定跟爸爸说一下这件事。

爸爸看了网友和黎强的聊天记录，告诉儿子："这是一起典型的网络诈骗，如果你真把钱存进去不但不会变多，还会连这500块都消失得无影无踪。"

黎强在爸爸的帮助下，联系了网络警察。

网络使人与人的交流变成了人"机"模式，致使一些不怀好意的人、虚拟的事物更加逼近事实，或者能够更加隐蔽地掩盖事实真相，从而使善良的人们容易上当受骗。网上诈骗的陷阱大部分是以一定虚假的利益为诱饵，以骗取人们的钱财，青春期男孩在网上浏览、交往时，如果对方要求你汇入一定的款项，允诺会获得巨大利益时，须知道这是个陷阱，切不可贪图蝇头小利，过分相信对方而受害。应养成正直、向上的人格，对"网上掉下来的馅饼"慎之又慎，还可以向公安机关举报。

男孩，上网需要注意以下问题，杜绝网络诈骗。

（1）网络拍卖欺诈。以虚拟市场为诱饵，放出大量的拍卖信息。在消费者支付以后，他们得到的往往是价值较低的商品，或者什么也没有。

（2）"家庭代加工"。让网友购买他的原料，并许诺收购网友生产的产品。当然，不管如何努力生产，网友的产品都将是"不合格"的。

（3）利用特殊软件，进入一些网络游戏群发虚假的中奖信息，并声称获此奖项者必须先交纳一定数额的手续费，并让中奖者将手续费汇入他们提供的银行账户上，实际上子虚乌有。

（4）大奖赛诈骗。以发电子邮件的形式，告知中大奖了，要求你汇几元钱去确认，或者支付邮资以方便他们邮寄。别小瞧这几元钱，上当的人多了，数额可不得了。

（5）收发电子邮件赚钱。以挣美元为诱饵，但结果是忙活了好一阵子，挣的钱还抵不上网费，白白为人家打工了。

（6）传销非法集资。在电子邮件里告诉你在一定时间内把此信息复制多少份发给其他人，并寄去少量的钱款，还列出一个数学计算方法，告诉参与者不久将会获得一笔可观的收入。

（7）点击广告条。要求上网时打开广告商给的一个广告条，在网上浏览时阅读（显示）广告，广告代理商则会根据广告在你电脑上的显示时间或点击次数计算，支付给你一笔报酬，但通常没有下文。

（8）"创业机会"。电子邮件宣称，只需很少的资本和时间就可以开创属于自己的事业（当然要与他们合作），但其最终目的只是骗钱。

（9）"连锁店"。以"如何一月内赚到5万元"之美的动人口号，诱惑网友往指定的地点寄钱。

（10）"免费赠品"。从账号到电话卡都有。但如果真想拥有它，得先付一笔会员费或吸引"下线"入会才行。

（11）"内线消息"。向网友兜售所谓股市、汇市的内线消息。试想，如果消息真有效，那些人早就发大财了，何必还靠卖它为生。

（12）"修改信用卡记录"。宣称只要肯付钱，他就能帮助网友修改不良的信用卡记录或帮助网友申请一张新卡，但是国际信用卡组织可不吃他这一套。

（13）"卖假药"。从"减肥灵""伟哥"一直到治疗糖尿病的药都有，标榜独家秘方，其实是江湖郎中的"网络版"。

不要在网上随意交友

常利这几天只要一听见家里的电话响，就心惊胆战的，生怕又是那个讨厌的声音。现在常利真后悔，不应该随便把电话号码告诉别人的。原来常利被一个名叫"芊草"的女网友给缠住了，几乎天天打电话和常利聊天，约地方见面。爸爸妈妈怕影响常利学习，在接电话时告诉女网友，常利还是学生，不要影响他的学习。没有想到，女网友竟然义正词严地对常利的爸爸说："每个人都有交朋友的权利，你没有权力干涉我们！"她的话令常利一家哭笑不得。这个网友有时半夜会突然打过来电话，家里以为出了什么急事，就慌慌张张地起床接电话，因为这个，有一次，妈妈起床接电话时还摔倒了。接起电话一听竟然是那个女网友邀常利出去看月亮。这个网友令常利一家头疼不已。

事情是这样的，原本不太聊天的常利最近迷上了QQ聊天，在网上碰到了"芊草"，"芊草"语言幽默，性格豪爽，两人越聊越投机。常利就告诉了"芊草"学校地址、家庭电话。常利还和"芊草"见了面，没有想到，"芊草"竟然是一个30多岁的妇女，现实中的谈吐举止和网上差别巨大。见面后常利就把她从好友里删了。没有想到，网上联系不到常利后，她开始天天往他家里打电话，还要去学校找他做朋友。

网友不断骚扰，给一家人带来了很大的困扰，现在爸爸妈妈已经决定报案了。常利现在后悔极了，没有想到自己随便交网友竟然给自己和家人带来了这么大的麻烦，以后一定不敢随便交网友了。

青少年正处在青春期，这个时期的他们渴望友谊和交流，网上聊天给了他们倾诉的空间和对象。但是网上也有陷阱，对于天真单纯、涉世不深的青少年，特别是对一些爱幻想、充满了好奇心的男孩来说，稍不留神，就会掉进网友设好的陷阱。

可见，结交网友不慎，会对自己的身心健康造成伤害，严重者会招致杀身之祸。虽然网友大部分可以信赖，但毕竟网友是不可预知的陌生人，甚至可能暗藏杀机。青春期男孩缺乏社会经验，对危险估计不足，遇到意外往往会成为受害者。因此，迈脚前当三思。

（1）安全问题。盲目地去面见不相识的网友，其实就等于对自己的生命不负责任，也是对亲人的不负责。

（2）后果问题。真发生了侵害问题，自己身心受到伤害，家人、老师、同学也会因你而受到伤害，甚至会造成幸福家庭的毁灭。

（3）影响问题。面见网友，不仅会影响正常的学习，干扰正常的生活，带来严重的负面效果，还会给生活留下隐患。

青春期男孩在网络上交友时，需注意以下几点。

（1）时刻保持警惕，不要轻信他人。

（2）千万不可以告诉网上的人关于你自己和家里的事情。网上遇见的人都是陌生人，所以你千万不可以随便把家里的地址、电话、你的学校和班级、家庭经济状况等个人信息告诉你在网上结识的人。

（3）密码只属于你一个人。所以不要把自己在网上用的名称、密码告诉网友。

（4）不轻易相信网上的人讲的话。任何人在网上都可以告诉你一个假名字，或改变性别等。你在网上读到的信息都可能不是真的。对于那些不停索取私人通信方式，或主动给你 QQ、电话等的人，一定要慎重对待。

（5）不邀请网上结识的人来自己家，尤其是当你单独在家时。

（6）保持平常心，提醒自己正在做什么。想进一步与对方加深关系之前，回顾一下自己的交友过程，并反思自己想要得到什么。不要强迫自己做使自己或他人不愉快的事情，不要过早过快地投入感情，尤其是在约会前，应慎重考虑。

（7）选择公共场所约会，并告知他人，或让亲友陪同。如果对对方有足够信任，且到了可以约会的程度，在约会前要确定一个首要原则：不单独去一个陌生、偏僻的场所。

（8）约会时要察言观色。不可能通过网络了解一个人的真实背景或真正性格，所以和陌生人约会是非常危险的。见面时要随时观察对方，防止发生意外的伤害。在任何情况下都要确信自己的判断，确认他人的行为是否会伤害到自己。

别被网络黄毒毁了

宗宗是个初中生了，一次偶然的机会，他从网上发现了一个黄色网站。宗宗出于好奇，就进入了那个网站。除了暴露的贴图以外还有一些跟帖和留言，那些留言是在评论一些女孩，内容都非常低俗，不堪入目。宗宗从来没有接触过这些东西，他在学校跟女生说句话都要脸红半天呢，一些调情的话让宗宗在电脑前都觉得自己的脸是火辣辣的。

他赶紧关掉了那个网站。

但是睡前，宗宗突然又想起了网站里的东西，他又点开了那个网站的主页。这次打开网页前，他先把卧室的门锁了起来。万一爸爸妈妈突然冲过来，他就没法交代了。做完"准备工作"，宗宗在电脑前长出了一口气，才屏住呼吸，打开了一个视频。

自此，他疯狂迷恋这个网站，还专门申请了账号，故意把自己的年龄写成了30岁，每天放学都沉迷于这个黄色网站。宗宗甚至在这里结交了一些"朋友"，一些年轻的女孩还主动约他见面。每天在网上聊天到深夜，自然白天的学习效率是没法保障的。宗宗的成绩一落千丈，精神也萎靡了。而且他开始频繁的手淫，手淫后又产生深深的罪恶感。他陷入自己闯入的怪圈里无法自拔。他开始悄悄从家里拿钱，去支付打开特殊视频的费用。

爸爸妈妈终于觉察到了宗宗的变化。开始妈妈和善地跟宗宗探讨最近学习下降的问题，看着他好像精神不太好的样子，妈妈还建议宗宗去医院检查一下。妈妈怀疑是不是学习压力大累坏了宝贝儿子。等爸爸用宗宗的电脑查阅一个文件的时候，才发现了宗宗登录黄色网站的事情。

终于找到了问题的症结，爸爸妈妈商量了很久，决定正面和宗宗谈谈这个事情。儿子长大了，也开始关注男女之事了。单纯制止肯定没法消除他想要了解这方面事情的欲望，那么，就把所有的事情都讲给他听，以免儿子再受那些黄色网站的诱惑，把前程毁掉。一个小型家庭会议等待着宗宗参加……

生活中有形形色色的诱惑，它们是一个个看不见的却足以把青少年推进厄运深渊的隐形恶魔。有时候，某些不怀好意的人，将青少年心里一些原本正当的欲望，如对性的了解欲，或对不熟悉的事物的求知欲等激活、放大并扭曲，通过阻碍青少年正常的思考而达到他们不可告人的目的。而在这众多危害中，网络黄毒，正以强大的势头向刚步入青春期的孩子袭来。有许许多多青少年面临着与宗宗同样的问题，一些男孩甚至因为网络黄毒做出了无法挽回的事情。

在浏览网页时，一些伪装的黄色网站的页面会不请自到，有时会突然跳出来骚扰你。无论以什么方式出现，都要立刻关掉它。也可以请网络高手为你的计算机设置反入侵程序，积极阻断"黄客"侵入。

处于青春期的男孩子，一定要通过正确的途径了解性，要远离网络黄色鸦片，保护自己在人生美好的花季中健康成长，不要轻易被网络黄毒所俘虏。

远离虚无缥缈的网恋

伟民是高中二年级的学生，原本一直平静的生活最近几天被打破了。伟民在网上聊天时偶然认识了一个网名叫"茉莉"的女孩，"茉莉"的出现彻底扰乱了伟民的生活。升入高二后，伟民明显感觉学习压力大了，周围的同学都在忙着学习，一些压力烦恼又不好意思向父母师长诉说，总觉得很憋闷。不过最近伟民找到了解决压力的好办法，那就是和网友聊天，诉说着自己的苦闷，宣泄着自己的压力。因为在网络上大家彼此陌生，现实中没有交集，所以在网上发言可以毫无顾忌，痛快地表达着自己。

伟民是在聊天室聊天时认识"茉莉"的。"茉莉"文笔很好，语言又幽默，加上两人很有共同语言，天南海北无所不谈，没几天两人就打得火热了。伟民开始越来越依赖迷恋"茉莉"，尽管没有见过面甚至连真名都不知道，但是伟民觉得自己已经深深地喜欢上网络中的她了。

每天放学回家后，伟民都会迫不及待地打开电脑，寻找那个小兔子的头像。只要看见她上线就心花怒放，看到头像是灰的，心里就莫名地失落。上课时满脑子里都是网络上的"茉莉"，哪还有心思听课。要是前一天晚上"茉莉"没有上线，伟民一整天都会焦躁不安，精神恍恍惚惚的，总是在猜测她为什么没有上线。伟民心里总是惦记着网络中的"茉莉"，心中的想法都只和她诉说，和同学们之间的关系更疏远了。

他实在受不了朝思暮想的煎熬了，提出要和"茉莉"见面。没有想到"茉莉"竟然告诉他，她已经结婚了，并且已经有了一个3岁的孩子。这个消息对伟民来说不啻于晴天霹雳，伟民似乎无法接受这个事实，自己视为知音、付出这么多感情的"茉莉"竟然是……伟民简直不敢想下去。

伟民成绩已经一落千丈，现在才发现前一段时间落下了那么多功课。他一直没有从网恋的阴影中走出来，觉得很懊恼，又觉得耻辱。现在整天无精打采，一副心事重重的样子。

可能很多青春期男孩都会碰到伟民这样的事情，自己在网络中投入了真实的感情换回来的却是欺骗。现在青少年当中很流行见网友，在虚拟的网络上聊得热火朝天、卿卿我我，现实中却发现对方与自己预想的相去甚远。

现在是信息时代，作为当代青少年更是非常主动地去接触网络。但网络给我们的是一片虚拟的天地，在这并不纯洁的天地里，鱼龙混杂，很多行为都得不到约束。而通常青少年辨别是非的能力较差，一旦坠入网恋的泥潭，往往无法自拔。具体来讲，网恋对青少年造成的负面影响如下。

（1）花费大量的时间、精力和金钱。把自己的生命浪费在虚拟的网络中，网恋的青少年，时时会想起网络中的"她"，不能安心学习，导致学业退步甚至荒废。青少年时期是学习知识、开阔眼界、拓展思维的黄金时期，把最美好的时光都交给了虚拟的网络时间，是永远无法弥补的损失。

（2）网恋的青少年常常会有一些心理上的障碍，给现实生活带来不便。比如网恋的青少年把自己的心里话、喜悦或者烦恼都向不认识的人倾诉，觉得虚拟的网络环境令他们很轻松。在网上他们妙语连珠，机智活泼，可是一回到现实中，往往沉默寡言，不愿意与他人进行正常的沟通交流，觉得不安全，对他人不信任，妨碍了人际交往。

（3）妨碍青少年健康兴趣和爱好的发展，知识面越来越狭窄。因为网恋而沉迷于网络，上网似乎成了生活中唯一的活动。

（4）道德标准扭曲。沉迷于网恋的青少年，整天接受大量不健康的网络信息，在游戏里陌生人就可以结婚，很多男孩子在网络里有很多的

"老婆",可以和网上很多不知真实身份的人打情骂俏。时间久了,网络里的是非标准会潜移默化地影响现实中的行为。当回到现实中时有可能习惯了在虚幻中的欺骗,不负责任。

(5)影响身体健康。青少年正处在长身体的时候,长时间对着电脑,很容易脊柱变形,视力下降,电脑辐射会损伤皮肤。

(6)容易走向犯罪。网络毕竟是虚幻的,彼此都有隐瞒、欺骗。网上很容易结交一些品德低下的人,网恋"见光死"后,会惹上无尽的麻烦。

大部分的网恋因为没有感情基础,彼此不信任,多数以悲剧收场,而网恋一旦结束,会给青少年带来失恋的长期痛苦,因此青少年应充分认识到网恋带给我们的危害,培养健康的兴趣爱好,在大好青春里努力学习知识,杜绝网恋。

小心邮件"炸弹"

初三的罗语已经习惯每天用电子邮件与远方的外公外婆联系，他经常使用电脑接收文件。

一天，他打开信箱，发现了一个奇特的电子邮件，邮件名字是："送你999朵玫瑰花，恭喜你有桃花运了！"他觉得很好玩，就打开文件。玫瑰花慢慢显现，突然"砰、砰、砰"三声，显示器开始花屏，最后电脑死机。罗语重新启动计算机，可是仍然无法运行。里面花费了大量心血收集来的材料全找不到了，令他懊丧不已。

电子邮件给人们的通信带来了真正意义上的便捷，让人在几秒钟之内就能感受到亲人朋友的问候与温暖。在享受快乐的同时，要警惕邮箱里的"炸药包"。

有些病毒名往往很好听，比如：你中大奖了！你发财了！开奖秘诀！美女向你招手！天大的秘密！打开，就送别墅！紧急通知！快来，开走汽车！我是你的老同学！等等。都伪装得很好，或者隐藏在好看的画面里面，并以邮件的方式发送到你的信箱里。带病毒的邮件伪装得非常巧妙，有时很难察觉，一旦你鲁莽地打开信件，就会遭到攻击。所以要时刻提高警惕，不能麻痹大意，存侥幸心理。

谨慎下载软件

文龙高二就迷上了计算机，经常上网学习图形设计，学习网页和动漫制作，需要很多的软件支持。他一有空，就在网上疯狂地寻找，凡是适合自己的软件，只要是免费不花钱的，就不管三七二十一，大量下载。他还经常为自己能免费使用软件向同学们炫耀，说自己是软件应用大师。

前不久，他辛苦了半个月，设计出一个复杂的动画，准备参加比赛。这个动画设计，需要一个新软件支持。他发现一个软件很新奇，就盲目地下载下来。结果，软件中含有致命缺陷，还有间接发作的病毒，把计算机给毁了。半个月的辛苦全泡汤了，还损坏了一些电脑部件，气得他快把地板给踩陷了。

我们都知道网络上有很多免费软件，内容五花八门，涉及的范围广泛。但其中鱼目混珠，有的"黑客网站"专门搞恶作剧，以毁坏对方的计算机为乐；有的"骗子网站"以骗取钱财为目的；有的"钓鱼网站"先给你一点甜头，待你上钩后，再狠"宰"你一刀。所以一定要注意，时刻要警惕。需要下载软件时，不要登录不熟悉的网站，更不能轻易在可疑网站上下载软件。一定要到正规、信誉度高的大网站，或者专业网站上下载，以杜绝一切危险的发生。

为防止"中招"，我们可以采取以下措施。

（1）先制作一张应急盘。制作一张系统应急引导盘是非常非常必要的，最好再复制一个反病毒软件和一些你认为比较实用的工具软件到这个盘上，然后关上并写保护。

（2）不要与人共享文件夹，这是很危险的病毒传播途径。

（3）不要完全相信朋友的电子邮件，如果收到奇怪的信件，或者信件中有许多乱码，这可能是病毒。到转信站申请一个转信信箱，在你使用的电子邮件程序中找到限制邮件大小和垃圾邮件的项目并设置，如果发现有很大的信件在服务器上，用一些可以登录服务的程序直接删除。另外，最好不要告诉别人付费信箱地址，而只告诉转信地址。

让网络成为好帮手

小波是初中二年级的学生,性格活泼开朗,为人热情,积极参加学校的各项活动。因此小波特有人缘,到哪里都前呼后拥,俨然一个小领导。小波整天无忧无虑,像个快乐的小天使。只是最近小天使很不开心。

班里新建了一个QQ群,这个群的成员都是同班同学,创建这个群是经过老师同意的。在那里大家可以畅所欲言:可以互相交流学习经验;分享快乐,倾诉烦恼;还可以互相推荐图书、电影、美食。总之,都是大家感兴趣的话题。

通过这个群,同学们相互之间更了解,感情更深了。班里大部分同学加入了这个QQ群,小波当然也要加入,可是爸爸妈妈认为那样会影响学习,说什么也不同意小波上网聊天。

"你们能有什么好聊的,还不是一块儿商量着怎么玩,怎么对付老师家长啊,我才不上当呢!"妈妈坐在电脑前不肯让座,"你们小孩子上网,影响学习!"小波抗议道:"不让上网才影响学习呢,上网可以学到很多东西的,可以查资料,还有网上课程。"妈妈坚决地说:"不行,网络不安全,很多好孩子接触网络后就变坏了,等你长大后再说吧!"小波觉得很无奈,为什么一提网络,爸爸妈妈就会联想到一些不健康的信息呢?爸爸不是经常利用网络查资料,妈妈不也经常网上购物、看韩剧,怎么轮到自己了,网络就不好了呢?平时,爸爸妈妈严禁小波上网。只有假期的时候偶尔可以上会儿网,但是上网必须是在爸爸或妈妈的监视之下,不允许看一些无关的网页、不准玩游戏、不准和陌生人聊天,而和同学聊天也只能谈学习。为了防止小波偷偷上网,爸爸竟然给计算机加了密码,小波不想被同学们当作笑话,也为了和爸妈

"抗争"，他就经常偷偷地去网吧上网。上网的时候和同学聊天、浏览新闻，当然也偶尔玩游戏。通过网络，小波学到了许多课堂以外的知识，和同学们的关系更加亲密了。

小波多想告诉爸爸妈妈：通过网络，不仅爸爸可以更有效地工作，妈妈能丰富生活，而且我们学生也可以更好地学习，为什么不相信我呢？

购物、加工图文、听音乐、看电影、聊天、上论坛、游戏、资源共享……今天，计算机神通广大的触角几乎抵达了学习、生活、工作的所有领域。随着科技信息的高速发展，计算机已经进入千家万户，所以青少年一定要学会正确使用计算机。

有学者指出，多媒体是一种很好的学习和游戏的工具，不仅能促进青少年智力的发展，还能促进青少年非智力因素的发展。美国的一项研究表明：使用计算机的青少年和仅接受传统教育的同龄青少年相比，在学习上进步较快。他们认为，让青少年从小接触计算机，有利于智力开发和增强对新技术的适应性。

男孩在学计算机时，需注意以下几点。

（1）忌好高骛远，要打好基础。对于初学者来说，首先应该掌握基本操作。学计算机的目的在于应用，因此，学会和掌握一种文字处理软件是必要的。

（2）忌纸上谈兵，要勤于实践。计算机有很强的可操作性，因此对初学者来讲一定要利用好各种时间进行上机训练，将理论转化为实际操作，这样才能真正地消化吸收。不少人认为自己缺乏英语基础，学计算机很困难。其实现在操作系统和很多软件是汉化版，不懂外语一样能上网。

（3）忌浅尝辄止，要精益求精。学习计算机知识除了选择好自己适用的教材，还要阅读有关的杂志和报纸，拓宽自己的知识面。

（4）忌三天打渔两天晒网，要持之以恒。

如何应对生活中的意外

男孩也会遭受性侵犯

浩然遇见了一件让他觉得很耻辱，但又不知如何是好的事情。作为一个男子汉，他第一次觉得自己这么懦弱和无能，但他也不知道是不是该求助。他非常害怕别人知道这件事情，他觉得如果别人知道了，他就没脸见人了。浩然的父母都比较忙，让他寄宿在妈妈的一个亲戚家里。之所以选择这个亲戚，是因为这位亲戚家离学校比较近。浩然爸妈按月付给这家人生活费。女主人是个30来岁的女人，没有工作，在家做全职太太。她老公是个生意人，不常在家，家里常常只有浩然和这个女人。有一天，浩然在睡午觉，突然觉得自己大腿部分痒痒的。醒来一看，吓了一跳，原来那个阿姨就坐在床边，正在用手摸自己的腿。摸着摸着，她的身体还贴在了浩然的身上，浩然急忙喊了一声阿姨，从床上爬起来匆忙逃开了。

自那以后，那个阿姨经常以各种借口抚摸浩然，有一次竟然直接从后面抱住了他。浩然虽然是高中生了，但是面对这种事情也不知道如何是好。他跟妈妈说，要回自己家。妈妈问他受委屈了没有，他支支吾吾也说不出口。而那个阿姨跟妈妈打电话，热情地要浩然住到毕业再离开，妈妈还满心欢喜。

他没法跟爸妈说这种龌龊事，如果被朋友知道了，肯定都会笑掉大牙。可那个女人还是在不断骚扰他，甚至变本加厉，发展到穿着内衣在他眼前晃来晃去，一点也不顾忌自己的形象。

浩然一肚子苦水都不知道往哪儿倒。

过了不久，浩然终于费尽周折跟学校申请了一个教师单身宿舍，搬离了亲戚家。他终于可以松口气了。但是，那个女人的影子总会时不时地跳出来，让他觉得恶心。后来看书的时候他才知道，这已经算是性骚扰了。都说男人对女人会性骚扰，浩然没想到自己一个男生，也会遭到性骚扰。

性侵犯泛指一切与性相关，且违反他人意愿，对他人实施而造成身心侵害的行为，包括强奸、诱奸、性骚扰在内的行为都可算作性侵犯，而暴露、窥淫等也算是性侵犯的一种。不过一般情况下，"性侵犯"一词较常用来指强奸和猥亵。过去，性侵犯对象似乎专指女性。随着社会的发展，女性社会地位的提升，当女性的性欲无法得到满足时，也会对男性进行性侵害。同时，一些对女性不感兴趣而喜欢同性的男人，也会对男性有猥亵行为。

许多研究表明，遭受性侵犯的青少年在相当长的时间里，会不同程度地表现出一系列心理症状，比如：恐惧、焦虑、抑郁、暴食或厌食、不喜欢自己的身体、对身体有异样感、低自尊、行为退缩、攻击性行为、注意力不集中、药物滥用、自杀或企图自杀。如果没有得到足够的帮助，成年后多会在人际关系方面遇到困难，难以与异性建立亲密关系，有人还会多次受害。

由此可见，性侵害对青少年身心健康有长期的影响。对于性侵犯，我们一定要做好预防的准备，最重要的是提高自我的防范意识、学会自我保护。例如，不与异性在过于隐蔽的环境中单独相处，夜间不要在外逗留时间过长或单独出行，不要轻易接受异性的约会邀请，不与异性到成年人的娱乐场所玩乐。

青春期男孩只有克制住自己的好奇、侥幸心理，提高对行为后果的预知能力，减少冒险的行为，加强自我保护的防范心理，不给他人留下侵犯自己的机会，才能大大降低受到性侵犯的概率。但是，如果不幸被侵害，那么不管侵害你的是陌生人还是家里的长辈、老师等，你都要理智地做到以下几点。

（1）尽快告诉自己信任的亲人、老师或学校领导。有些男孩出于羞耻感，或是怕家人或老师批评而不敢告诉自己本应该相信依靠的人，而宁愿自己一个人默默承受这份难当的痛苦。其实被侵害错不在自己，错的是施害者。只有在这些值得你相信的长辈的帮助下，你才能真正走出困境。

（2）要懂得用法律来维护自己的权益。对于那些失去理智、纠缠不清的无赖或违法犯罪分子，千万不要惧怕他们的要挟和讹诈，也不要怕他们打击报复。要大胆揭发其阴谋或罪行，学会依靠组织和运用法律武器来保护自己。

当施暴者是熟人，也不能沉默，否则性侵害者更加有恃无恐。也千万不能"私了"，"私了"的结果常会使犯罪分子得寸进尺、没完没了，而是应当勇敢地站出来指证，这样不仅可以防止性侵害进一步反复，而且有利于事后公安机关收集其犯罪证据。

（3）学会保护证据，如不要洗澡，保留对方的毛发、分泌物、血液、抓痕和现场遗留物。如果可能的话，你还应该让别人拍下能证明你所受伤害的照片，同时最好还能找一个证人，把她（他）的证词做好记录。

（4）受到伤害后，应尽快去医院检查，以防止内伤或感染性病等，并及时进行心理咨询、心理治疗，医治精神创伤。

青春期的男孩在平时的生活中一定要掌握一些保护自己的技巧。如果不幸遭遇了性侵犯，也不要乱了方寸，要在第一时间里最大限度地降低自己可能遭受的伤害，然后记得要勇敢地拿起法律武器保护自己。

怎样打求助电话

张振上周末回家，奶奶突然发病。幸亏自己及时拨打了医院急救电话，由于抢救及时，现在奶奶已经没有危险了，身体正在好转。

周末，爸爸妈妈出去参加朋友婚礼，家里就只有奶奶、张振和6岁的小堂弟。张振正在屋里写作业，突然听到客厅里堂弟大哭着喊："奶奶怎么了？快起来，哥哥快点，奶奶摔倒了！"

张振赶紧往外跑，这时奶奶已经从沙发上滑下来了，躺倒在地上，小堂弟在不断地摇晃着奶奶。

张振一看，知道奶奶不是单纯的跌倒，怀疑是奶奶多年的心脑血管病犯了。于是马上朝堂弟喊道："别动奶奶，会加重病情的。"张振边喊边快速拿起电话，拨打了"120"。

"这里是和平小区3号楼一单元506室，我奶奶今年75岁，突然跌倒了，可能是心脑血管病犯了，现在手脚抽搐，人已经昏迷了，请快点派救护车过来！"张振按照电话里医生的吩咐，把奶奶摆成平卧体位，并拉住哭喊的堂弟，不让他去碰奶奶。又迅速给家里人都打了电话。五分钟后，救护车到了。

由于发现、抢救及时，奶奶很快就脱离了危险。要是当时张振没有冷静且立即拨打急救电话，后果简直不堪设想。

张振及时、正确地拨打了求助电话，使奶奶转危为安。如果张振见到奶奶发病因慌乱而忘记拨打求助电话，或者是不知道如何向电话另一端的救助人员倾诉，那奶奶的生命就堪忧了。由此可见，知道如何拨打求助电话对男孩来说是重要的生活常识。

下面，我们就来学习如何拨打紧急求助电话。

（1）紧急报火警。发现大火并确认是火灾时，要立刻拨打"119"电话，不要紧张，要准确地向对方说明大火的位置、目前的火情、是什么原因引起的、有无人员被围困等。

（2）紧急报匪警。发现坏人进行违法犯罪活动时，要立刻拨打"110"电话，简单扼要地说明问题。如犯罪人的地点、犯罪人的人数、目前在干什么、有没有凶器、有无交通工具、有无人员伤害、有无爆炸物等。

（3）紧急报交通警。看见路途上出了交通事故，或者自己家人出了交通事故，要立刻拨打"122"电话，讲清楚交通事故的位置、车辆情况、有无人员伤亡、车辆的牌号等。

（4）紧急拨打急救中心电话。发现有人突然发病，要立刻拨打"120"电话，准确说清楚病人的地址、是什么病（伤）、目前的生命情况、工作单位、性别等。

被刀割伤怎么办

周六晚上，爸爸在书房查资料，妈妈在厨房里忙碌着做饭。而薛杰则一个人坐在客厅里看电视，电视里正在播《走进科学》，薛杰一边眼睛紧紧盯着电视，一边手里还在忙着削苹果。

薛杰被栏目的重重悬念吸引住了，到底有没有外星人呢？正在思考时，突然"哎哟"一声叫了起来。由于思考得太投入，忘记了自己正在削水果，一不小心割伤了食指。看着殷红的鲜血不断从伤口处涌出，薛杰倒是没怎么慌张，脑子里还在想着电视栏目的内容，走到厨房开始冲洗伤口流出的鲜血，可是血还是源源不断地流出。

妈妈一转头看见了惊叫道："呀，怎么流这么多血！"薛杰满不在乎地说："削水果的时候没注意，割破了，冲洗一下就好了，就是有点疼。"

"还在流血呢，止血后再冲洗。"说着，妈妈就找来了纱布，赶紧捂住薛杰的伤口。爸爸也闻讯拿来碘酒、剪刀之类的东西。薛杰认为一点小伤没有必要这么大惊小怪的。

"我都是大男子汉了，这点小伤算什么，再说也不是很疼。"

爸爸说："刀伤要是不及时正确地处理很容易感染，要是严重了还得去医院打针，你这个只要止血、消毒包扎起来就没事了。"用纱布捂住伤口几分钟后，血就止住了，在爸爸妈妈的帮助下，薛杰用肥皂清洗了伤口，又用碘酒消毒，还抹上了药膏以防感染。

最后，用创可贴包住伤口。"以后多学点这些急救常识，受了刀伤要记住先止血。"薛杰赶忙点头："下次知道了，放心吧！"

日常生活中，人们经常会遭遇各种外伤，如切菜、削水果皮、削铅笔都有可能被割伤。更应该注意的是，现在校园暴力事件时有发生，如果自己或他人不幸遭遇袭击受外伤，青少年朋友们应学会急救措施。

1. 止血

通常对于较小的伤口，用纱布、毛巾、手绢或一张创可贴捂住伤口，一会儿就可以止血，或用无菌绷带纱布压住伤口。如果有玻璃或金属嵌入、扎入，不可简单地压住伤口，以免玻璃或金属扎得更深。遇到这种情况，应该及时去医院看急诊。

压住伤口一会儿后，可检查一下伤口是否还在流血。如果流血不止就要继续按紧伤口，直到血不再流出，如果捂住伤口超过5分钟，则应当及时赶往医院接受救治。如果遭遇严重外伤，流血过多，则应采用以下方法。（1）压迫止血法。直接用纱布、绷带或毛巾紧紧按住伤口，再用力把伤口包扎起来。（2）止血点指压法。生物课上，青少年朋友们应该接触过，沿着动脉靠近骨骼，能摸到脉搏的地方，都可作为止血点。出血过多时可用手指或手掌压在伤口靠近心脏那一端的止血点上以减少出血量。（3）止血带止血法。严重的血流不止时，用布条、绳子等紧紧绑在止血点上；每隔一段时间都要稍微松一下，以避免组织坏死。这时候应该尽快把伤者送往医院急救。

2. 清洗伤口，涂抹药膏

血止住以后用清水、生理盐水或肥皂水轻柔地清洗伤口，用碘酒消毒。也可用含抗生素的药膏涂在伤口上以防感染。

3. 包扎

对于小的伤口，用碘酒或酒精消毒后，即可用无菌纱布包扎，夏天最好不用创可贴包扎，不宜过紧，尽量保持伤口干燥、通风。而有些大的伤口，则应该去医院进行手术缝合。

火灾自防自救

　　为了加强校园的消防安全管理，增强学生的消防安全意识，提高全校师生的火灾自防自救能力，李磊所在的学校决定举行火场逃生演习。

　　上午先是由消防队的张队长为大家做了一定的讲解，确定好逃生路线。下午1点钟演习准时开始。随着一股黄色的烟雾溢出，模拟警报声响起，刺耳的警报声响彻校园。全校师生听到警报声后迅速向安全地带逃离。

　　李磊在张队长讲解怎样逃生时没有认真听，听见刺耳的警报声，又看到烟雾升起，他一下子慌了。看着同学们纷纷往外跑，李磊也跟着跑。好不容易跑到走廊，看见很多同学都手里拿着手绢或衣服捂着口鼻，就想起书包里还有围巾呢，可以用来捂住鼻子，于是赶紧往回跑。

　　由于和大家跑的方向相反，结果好几次差点摔倒，白色运动鞋上也满是脚印。跑回教室赶紧翻出围巾捂住鼻子后继续向外跑。没想到时间到了，他成了被困火场的人，需要等待救援人员施救。

　　李磊意识到好像自己做错了什么才没有及时逃离"火场"，为弥补过失，李磊决定在救援人员到来前做点什么。往教室四周看了下，后排有一张铁桌子，李磊马上爬到桌子上，高高地站在上面，他想：如果周围都是火，铁又不能着火，站在铁桌子上面应该安全了。李磊为自己的聪明沾沾自喜。

　　没想到被"救"出去后，张队长评价说李磊在火场逃生演习中犯了很多错误："首先，已经逃离现场，不应该以任何理由返回去，这样会增加生命危险；再就是用来捂住口鼻的毛巾、布条之类最好用湿的；最错误的是在火灾现场竟然高高地站在铁桌子上，遇火之后，铁的东西会快速升温，靠近之后会灼伤身体。"张队长接着说，"在火灾现场要采用低姿态，最好采用匍匐的姿势也就是爬行，这样可以减少烟雾的吸入……"

张队长在现场耐心讲了很多，李磊也学到了很多。他决定要好好记住这一课，并回去讲给爸爸妈妈，让更多的人了解火场自救。

如果不幸遭遇火灾，男孩子一定要勇敢，不慌乱，应采取正确有效的方法自救逃生，减少人身伤亡损失。

（1）身受火灾威胁千万不要惊慌失措，要冷静地确定自己所处的位置，根据周围的烟火光、温度等分析判断火势，不要盲目采取行动。

（2）身处平房的，如果门的周围火势不大，应迅速离开火场。反之，则必须另行选择出口脱身（如从窗口跳出），或者采取保护措施（如用水淋湿衣服、用温湿的棉被包住头部和上身等）以后再离开火场。

（3）身处楼房的，发现火情不要盲目打开门窗，否则有可能引火入室。不要盲目乱跑，更不要跳楼逃生，这样会造成不应有的伤亡。可以躲到居室里或者阳台上。紧闭门窗，隔断火路、等待救援。有条件的，可以不断向门窗上浇水降温，以延缓火势蔓延。

（4）在失火的楼房内，逃生不可使用电梯，应通过防火通道走楼梯脱险。因为失火后电梯竖井往往成为烟火的通道，并且电梯随时可能发生故障。

（5）因火势太猛，必须从楼房内逃生的，可以从二层处跳下，但要选择不坚硬的地面，同时应从楼上先扔下被褥等增加地面的缓冲，然后顺窗滑下，要尽量缩小下落高度并做到双脚先落地。

（6）在有把握的情况下，可以将绳索（也可用床单等撕开连接起来）一头系在窗框上然后顺绳索滑落到地面。

（7）逃生时，尽量采取保护措施，如用湿毛巾捂住口鼻、用湿衣物包裹身体。

（8）如果身上衣物着火，可以迅速脱掉衣物，或者就地滚动，以身体压灭火焰；如果会游泳，还可以跳进附近的水池、小河中，将身上的火熄灭。总之，要尽量减少身体烧伤面积，减轻烧伤程度。

（9）火灾发生时，常会产生对人体有毒有害的气体，所以要预防烟毒。应尽量选择上风处停留或用湿的毛巾或口罩保护口、鼻及眼睛，避免有毒有害烟气侵害。

遭遇地震不慌乱

由于爸爸的工作调动，晓杰一家由湖南落户山东。现在晓杰在山东的一所学校读小学六年级。

近几年，世界各地震灾频发，所以当地的人们对地震都很重视。平时家长、老师都会给学生灌输防震、地震自救的知识。晓杰以前没太接触这方面的知识，这不，第一堂课，他就遭到了老师的"刁难"。

"这位新同学，你说一下如果上课时发生了地震，你应该怎么做呢？"晓杰想了想，轻松地说："应该快跑啊。"老师接着问道："可是我们的教室在五楼，一地震，就会很拥挤，来不及跑下楼怎么办？"晓杰一下不知道该怎么办了，抬眼看了看走廊，勇敢地说："那就……跳楼！"周围一片哗然。

同学们七嘴八舌地说："不能跳楼，那样会被摔死的！"

"摔不死也会受重伤！"一个同学更是着急地站起来，喊道，"得快点找地方躲起来，地震停止后再跑，跑不出去就等人来救！"

老师示意大家安静下来，"这是每个人都应该知道的生活常识，必要的时候运用这些知识可以保护我们的生命安全，所以大家一定要牢记。"老师认真地说，"在楼房高层不到万不得已千万不要跳楼，这样会对身体造成不必要的伤害，最好的办法是……"

老师给晓杰详细讲了地震发生时，应该如何逃生，包括怎么选择路线，逃到什么地方。逃不出去时躲在什么地方最安全，以及被困后怎么保护自己、如何向外求救等。

晓杰认真地听老师讲解完，然后真诚地对老师、同学们说："感谢老师、同学们教给我这么重要的一课，这会让我终身受益的！"

地震发生且震级较高时，通常会造成房屋倒塌、大堤决口、大地陷裂等危险情况，给人们的生命和财产带来损失。而地震中保护自己的生命安全显得尤为重要。

为了在地震发生时保护自己，男孩子应当掌握以下应急的求生方法。

（1）如果地震发生时你正处在平房里，要迅速以比桌、床高度更低的姿势，躲在桌子、床铺的旁边，同时用被褥、枕头、脸盆等物护住头部，然后等地震间隙再尽快转移到安全的地方。地震时如果房屋倒塌，则应待在床下或桌下不要移动，要等到地震停止再冲出室外或等待救援。切忌地震时因紧张而在屋内乱跑，因为那样被砸伤的危险性很大。

（2）如果你住在楼房中，地震发生时，不要试图跑出楼外，因为时间上来不及。最安全、最有效的办法是及时躲到两个承重墙之间最小的房间，如厕所、厨房等，也可以躲在桌柜等家具下面或者房间内侧的墙角，并且一定要注意保护好头部。千万不要去阳台和窗下躲避。

（3）如果在上课时发生了地震，切不可惊慌失措，更不能在教室内乱跑或争抢外出。靠近门的学生可以迅速跑到门外，中间及后排的学生可以尽快躲到课桌下，用书包护住头部；靠墙的学生要紧靠墙根，双手护住头部。

（4）如果你已经离开房间，记住千万不要在地震一停就立即回屋取东西。因为第一次地震后往往会接着发生多次余震，余震对人的威胁也不容忽视。

（5）如果地震发生时你正在公共场所，那么一定不能惊慌乱跑。可以随机应变躲到就近相对比较安全的地方，如桌柜下、舞台下、乐池里，等待地震过去后再离开。

（6）如果地震时你正在街上，那么绝对不能跑进建筑物中避险，也不要在高楼下、广告牌下、狭窄的胡同、桥头等危险的地方停留。因为地震很可能会将楼上的玻璃或街上的广告牌震落，而狭窄的胡同不利于你的逃生。

（7）如果地震后你不幸被埋在了建筑物中，应先设法清除压在腹部以上的物体，用毛巾、衣服捂住口鼻，防止烟尘窒息，同时要注意保存体力，并设法找到食品和水，创造一切生存条件，等待救援。

溺水如何自救

　　卫平最近刚刚学会了游泳，一直向爸爸妈妈吹嘘他的游泳技术有多好，扬言要和爸爸比试一下，要知道，卫平的爸爸可是游泳健将呢。

　　周末，父子俩一起到了游泳馆。在游泳池里，卫平不断地变换游泳姿势，一会儿蛙泳一会儿狗刨，得意地向爸爸展示着自己的学习成果。轮到爸爸了，没想到他蝶泳、仰泳、蛙泳、自由泳样样都会，而且姿势优美，速度还那么快，令卫平佩服极了。卫平想去深水区尝试一下，可是爸爸就是不允许。

　　爸爸精湛的游泳技术吸引了很多人围观，纷纷要让他教游泳，他看起来得意极了。

　　趁爸爸不注意，卫平悄悄到了深水区，来到深水区后，卫平感觉游起来似乎轻松了很多，于是就欢快地游起来。没想到突然小腿抽筋了，眼看周围没什么人，卫平一下子就慌了。他拼命地挣扎想上岸，在挣扎过程中，他连续呛了几口水，抽筋加剧了，并且开始下沉。

　　在这危急关头，救生员发现了卫平的状况，迅速下水施救，慌乱中的卫平紧紧抱着救生员。爸爸不断责怪自己粗心大意没有照管好儿子，并且责问卫平："你难道只是学习游泳技术，连一点自救知识也没有吗？"卫平听了不服气，委屈地说："我都抽筋呛水了，怎么自救？"

　　爸爸严肃地说："发生意外情况溺水时，千万不要慌张地挣扎，越挣扎越沉得快，而且会加剧腿部抽筋。要想办法呼救，我都没有听到你的声音！另外，别人施救时，千万不要紧紧抱住施救人员，这样会让你们同时陷入危险的。"

　　"今天出了这样的事，确实有我的责任，但是你的自救知识也太匮乏了。要是在外面游泳，周围又没有人，那就危险了！"爸爸后怕地继续说道，"你在学习游泳技术之前应该先学会自救知识，遇到意外时才有可能从容应对。看来现在很有必要给你讲一下自救知识啊！"

于是爸爸就讲解了游泳抽筋时应该怎么处理，溺水时具体应该怎么做。

卫平挺羞愧的，本来是想向爸爸炫耀自己的游泳本领的，没想到居然出了这么大丑。不过现在他已经懂了很多溺水自救的知识了，相信以后不会发生这种情况了。

男孩夏天都喜欢游泳，有些男孩会选择安全较有保障的游泳馆，还有一些顽皮的男孩直接跑到河里、池塘里去游泳。几乎每年都有青少年溺水事件发生。

溺水对生命最大的威胁是水能堵住人的呼吸道，造成窒息缺氧死亡。溺水往往具有发生突然、危险进程快的特点，一般情况下4~6分钟就可能因呼吸和心跳停止而死亡。所以做好预防和抢救工作对保存自己的生命有重要的意义。

男孩们如果不慎落水或在水中发生意外，应采用以下几种方法自救。

（1）保持镇静，采取仰面位，即在水中头向后仰，口鼻向上并尽力露出水面。

（2）呼吸要注意做到呼气浅而吸气深，并防止发生呛水。

（3）不要向上伸手臂挣扎，这样只能使人加速下沉。

（4）因腿抽筋不能游动导致下沉时，应及时呼救；如附近无人，应保持镇静，设法向浅水区或岸边靠近。

如果遭遇了车祸

贾明学校里有一个初中一年级的新生，在放学回家的路上，出了车祸，在医院抢救无效后死亡。

据说，在事故现场，那位受伤的同学还神志清醒，没有想到送到医院后情况恶化。医生说，那是因为伤者在事故现场错误地处理了伤情，延误了最佳救助时间。"要是在现场懂得自救，这个可怜的孩子就不会有生命危险了。"医生惋惜地说。

那个孩子的妈妈和贾明的爸爸是同事，听爸爸说，失去孩子后，他的同事就和疯了似的，又哭又笑，精神都有点失常了；原本身体就不好的奶奶也病危了。车祸给那个家庭带来了沉重的打击，整个家庭笼罩在阴影中。

这件事情在学校也引起了很大轰动，家长也都很关注。大家为一条鲜活生命的逝去感到惋惜，也同情那个不幸的家庭。同时大家也深刻意识到：除了要注意交通安全防患于未然之外，还应该在事故发生时，学会正确的处理，尽快把自己从危险中拯救出来，要是懂得自救，那个小同学现在应该还在教室上课吧？

为了避免类似的悲剧再次发生，学校专门举办了一次讲座，并欢迎学生家长参加。讲座的内容主要是围绕在车祸中如何自救展开的：事故发生的一瞬间应该怎么保护自己，发生后如何自救。重点讲了几种简便可行的车祸后自测和急救方法，可为挽救生命赢得一些宝贵时间。比如：胸部剧痛、呼吸困难就有可能是肋骨骨折刺伤肺部，这时候千万不要贸然移动身体，以免碎骨对内脏造成新的伤害。

贾明和爸爸妈妈一起参加了讲座，这个讲座让贾明一家认识到了生命的宝贵与脆弱，懂得一定的自救知识，学会自救，是对生命最好的呵护。

车祸中，容易造成各种伤害，如各类骨折、骨裂、脑外伤、内脏器官损伤等。因此车祸中的防护方法显得更为重要。应用得当，能够最大限度地保护自己，降低伤害。

如果在车祸中受伤出血，可以把身上的衣服撕成布片，对出血的伤口进行局部加压止血。在大量出血时最好能用毛巾或其他替代品暂时包扎，以免失血过多。

骨折受伤时不要贸然移动身体，不要乱动或错误包扎，确实需要搬动时，一定要确定伤肢不会发生相对移动。找木板或较直、较粗的树枝，用3根固定带将2~3块木板在伤肢的上、中、下三个部位横向绑扎结实。发生颈部损伤时不可随意挪动，否则很有可能形成永久性的伤害甚至瘫痪。头部发生创伤时要将身体平放，头稍垫高。

一旦发生车祸，千万不可惊慌失措，因为急躁会增加出血量，增加人体耗氧量，反而加重伤情。同时千万不要忘记拨打"110"和"120"，这样能够使自己在最短的时间内得到外部的支持和救援，这样就多了一份安全的保障。

异物哽塞喉咙怎么办

下午放学后，李明和刘峰两个人有说有笑地从校园里走出来。

刘峰开心地对李明说："我要告诉你一个好消息，你猜是什么？"

"唉，别卖关子了，赶紧说呗！"

"哈哈，这次数学考试我得了满分！好开心啊！哈哈！"刘峰兴奋地说。

"哇！你真棒！你数学成绩一直很好，我就不行了，数学成绩总是那么差。今天下午数学老师说明天要考试，想想就让人心烦。我爸还一直盯着我的数学成绩呢，真让人头疼……"李明愁眉苦脸地说道。

李明的苦恼令刘峰很不忍心，于是他转移话题道："走，咱们吃烤地瓜去！"两人买回地瓜后，刘峰提议道："哈哈，咱们比谁吃得快怎么样？"

还没等李明反应过来，刘峰就三五口将一个烤地瓜吃完了。

李明正要赞叹却见情况不妙，只见刘峰表情很痛苦，脸色由红变得微紫，两手不住地往喉咙处按，看情形是被噎到了。李明喊道："快咳啊，咳出来就好了。"可是这时候的刘峰哪还能咳得出来。李明见状赶紧拍刘峰的背，拍了一会儿也不见好转，看刘峰的脸色更难看了，李明赶紧去买了一瓶水，几口水下去之后，刘峰缓过来了。

"好危险，差点被几口地瓜憋死，谢谢你的水啊。"刘峰不好意思地说。李明开玩笑地说："记住，以后太兴奋的时候，要是身边没水就不要大口地吃烤地瓜啊！"

吃东西时突然噎住，在日常生活中是比较常见的，咳一咳，喝点水，一般就能缓解。可是遇到比较严重的情况，这么做明显就不起作用了。这时候我们应该尽快采取措施，帮助被噎住的人脱离危险。

男孩往往因为怕迟到赶时间而在路上大口大口吃东西，或者边和同学打闹边吃，这么做都容易噎住。在平时吃东西时应该注意小口慢吃，在吃东西时不要说笑打闹。尤其是在吃汤圆、蛋黄、蛋糕之类的食物时。如果不慎被食物噎住，你可以这样做：使劲按压横膈膜偏下的地方。利用周围的桌子边缘、椅背，在没有其他东西的时候可以用自己的拳头，用力按压，就可以把异物吐出。要是周围有人不小心噎住，我们应该采用正确的方法予以帮助。

（1）先看下对方是否还能讲话，如果被噎住的人还可以讲话，一般就可自行将异物吐出，但是如果对方已经被噎住不能说话，说明空气已经不能通过喉咙，这就需要我们在对方的肩胛区间的脊柱上猛拍几下，直到吐出。这时候千万不能大口喝水，因为这样反而会使心脏受到过分挤压，严重的会导致昏厥。

（2）假如他的嗓子仍然堵塞，应迅速采取以下方法：站在他的背后，抱住他的腰，一只手握成拳头，拇指一边靠在肋骨和肚脐间的肚皮上；另一只手抓住握拳的手，快速向上猛压。如此反复多次，直到堵塞物出来为止。

（3）如果仍未奏效，应及时拨打求救电话，或把患者就近送往医院。

煤气中毒怎么办

　　每年放寒假后，杨超都会去乡下的奶奶家。奶奶住的地方环境清幽，早上可以听鸟叫，晚上可以看星星，空气清新，呼吸都特别畅快。

　　杨超住在奶奶家，一是为了放松身心，二是为了给奶奶"普及"一些安全知识。

　　奶奶家什么都好，就是太冷。家里没有空调，也没有暖气，只有一个小煤炉一天到晚地烧着。幸亏房子小，小煤炉把低矮的屋子烧得暖暖的。杨超总觉得不安全。屋子空间本来就小，门窗又都紧闭，一点都不通风。

　　杨超向奶奶建议："奶奶，开开门通通风吧，总关着门窗烧炉子，容易煤气中毒的。"

　　奶奶答道，"哪有那么容易就煤气中毒？一开门好不容易烧的热气就都跑了，这样暖和。"

　　见奶奶不相信，也就不再说什么。

　　一天中午，杨超从外面滑冰回来。推开小屋，见奶奶躺在床上，平时这个时候奶奶都做好饭了啊，难道不舒服吗？杨超关心地问："奶奶您怎么了，不舒服吗？"

　　奶奶无力地说："有点头晕恶心。唉，老了！"杨超突然闻到一股异味，马上意识到：奶奶煤气中毒了！

　　杨超赶紧一边开门窗一边喊住在隔壁的叔叔。叔侄俩迅速把奶奶转移到外面，并且给奶奶披上了一床被子。情况不是很严重，但是因为奶奶年纪大了，怕有什么闪失，杨超又和叔叔把奶奶送到了医院。

　　由于发现及时，处理得当，奶奶的身体没受多大影响。

在医院里，奶奶不住地埋怨自己："都怪自己没有听小超的话，我真是老糊涂了。"

叔叔也说："小超处理得很及时正确啊，要不然后果不堪设想。"杨超不好意思地挠挠头："这些老师都讲过。"突然，他又想起另一件事，"对了，叔叔，我看你家的热水器都老化了，最好换新的，这要不然也容易出危险的！"

叔叔爽快地说："行，以后你就是我们的'安全顾问'了，安全方面的问题都听你的。"杨超又不好意思了。

男孩，一定不要以为待在家里就一定比在户外安全很多。其实，家庭生活中依然存在很多极容易被忽视的安全隐患，如煤气中毒。每年都有不少人因这方面的失误而给自己或家庭造成极大的损害，严重的时候甚至丧失了自己的生命。煤气中毒常常是在缺乏相关安全知识的情况下发生的，其实只要做到以下几点，煤气中毒就会远离你和你的亲人。

（1）平时不要在密闭或通风不良的居室中使用煤炉取暖、做饭。

（2）使用燃气热水器的要注意检查热水器是否漏气，热水器使用寿命一般不超过6年，超过6年要及时更换。洗澡时门窗不能紧闭，洗浴时间不要过长，水温不宜过高。

（3）要经常检查煤气管道是否漏气，开关是否拧紧。

（4）当感到呼吸越来越困难，头昏眼花，或是厨房内传出一种臭鸡蛋气味时，便可判定是煤气泄漏。这时应赶紧打开门窗通风。注意不要划火柴和开关电灯以及其他电器。

（5）如发现煤气中毒者，应迅速将中毒者盖好被子，抬到空气流通处，并尽快将其送往医院抢救。

（6）煤气中毒者醒后应注意休息，避免活动后加重心肺负担及增加氧的消耗量。

（7）对昏迷不醒、皮肤显青紫色的严重中毒者，应通知急救中心，并就地进行抢救，及时施以体外心脏按压和人工呼吸。

异物入眼的急救

杨杨有着深度近视，不愿意戴眼镜，央求着妈妈给他配了一副隐形眼镜。每天戴隐形眼镜很麻烦，杨杨为了帅气，每天都要提前起床半个小时来佩戴眼镜。后来时间长了，手法熟练了，才感觉没那么麻烦了。

有一天，杨杨上体育课打篮球，被人撞倒在地，一只隐形眼镜掉在地上，因为下节课是很重要的数学课，杨杨不想看不清黑板而耽误课程，便摸起掉在地上的隐形眼镜，放在水管下冲了冲就放进了眼睛里。

上课的时候，杨杨就觉得眼睛很不舒服，但他没在意，直到下课了，他同桌忽然大叫："杨杨，你的那只眼睛怎么那么红啊！"杨杨照镜子才发现，戴着掉到地上的隐形眼镜的那只眼睛，红得吓人，他被同学送到了医院，医生检查后说，没什么大碍，就是有点异物进到了眼睛里。

"你今天眼睛里进了什么东西吗？"医生问。

"没有啊，就是隐形眼镜掉地上了，我又重新把它戴回眼睛里，可是我之前拿水冲洗过了。"

"可能是没冲洗干净，一些异物随着眼镜被你一起带到了眼睛里，这样很危险，搞不好会对视力造成损害，以后一定要注意。"医生叮嘱道。

俗话说，"眼睛是心灵的窗户"，能够直接让人们感受到外界五彩缤纷的色彩，在日常生活中，常会发生异物入眼的事故。尤其是活泼好动的男孩子，玩耍时不注意，就可能让异物入眼，可能会引起不同程度的眼内异物感、疼痛、反射性流泪。如果更严重的话，会造成眼球损伤、失明等。因此，预防眼睛受伤和如何处理异物入眼十分重要。

处理入眼异物有以下几个步骤。

（1）发生异物入眼后，切勿用手揉擦眼睛，以免异物擦伤角膜。正确的处理方法是，先冷静地闭上眼睛休息片刻，等到眼泪大量分泌，不断夺眶而出时再慢慢睁开眼睛眨几下，多数情况下，大量的泪水会将眼内异物自动地"冲洗"出来。

（2）如果泪水不能将异物冲出，可准备一盆清洁干净的水，轻轻闭上双眼，将面部浸入脸盆中，双眼在水中眨几下，这样会把眼内异物冲出。也可请人将患眼撑开，用注射器吸满凉开水或生理盐水冲洗眼睛，也可用杯子中的水冲洗眼睛。

（3）如果各种冲洗法都不能将异物冲出，可请人翻开眼皮，用棉签或干净的手帕蘸凉开水或生理盐水轻轻将异物擦掉。

（4）求助于医生，利用专业工具取出。

触电的应急处理方法

物理课上，赵老师正在讲："我国家庭用电电压是 220 伏，而人体的安全电压是 36 伏，所以家里在使用很多家用电器的时候都是存在危险的，大家一定要注意安全。"顿了一下后说，"今天课本上的内容先到这，我们说点题外话。"

这下，无精打采盼着下课的同学都来了精神。"有哪位同学触过电？都有什么感受？"

小宝首先站起来说："有一次我帮妈妈换灯泡时触电了，麻麻的。"

"我开家里的电灯开关时被电过。""我是开电脑的时候触电的。"同学们七嘴八舌，这和刚才安静的课堂形成了鲜明对比。

老师继续问道："触电后应该怎么办呢？"

"很简单啊，把手拿开就好了！"同学们答道。

"通常较严重的触电，想要摆脱带电物体没有那么容易。首先，要尽快切断电源，这样才能尽快摆脱带电体……"不知不觉，一堂课很快过去了，同学们都听得津津有味，国梁回到家后，挺着胸脯对爸爸妈妈说："物理老师今天给我们讲了很多触电时的应急处理方法呢，有什么不懂的问题你们可以问我啊！"

爸爸想逗他就问："那假如电线漏电了，我现在触电了，你该怎么办啊？"国梁马上想起老师课上讲的，便说道："我得快点把家里的开关关掉，切断电源。"抬头看了看开关，貌似太高了，"我不能用手拉你，要不然我也触电了。我得找干的东西把电线挑开，你就得救啦。要是你被电晕了，我还要给你做人工呼吸，把你赶快送医院。"国梁头头是道地说。

"好小子，还真懂得了不少呢！"爸爸赞许地点点头，"你们老师可真不错，把课内知识拓展到生活中，生活知识学会了，课内功课怎么样啊？"国梁听了，扮了个鬼脸跑开了。

电在现代生活中被广泛应用，为人们的生活增添了无数便利。但电并不是一种绝对安全的能源，生活中要应对随时可能出现的触电现象。

青少年需要掌握以下方法应对触电：首先要帮助触电者脱离电源。若在室内，则应立即切断电源；若在室外，电源无法切断，则应用木棍将电线挑开，或用干的衣服将触电者拉开。

当触电者脱离电源后，应根据其不同情况分别采取不同的紧急救护措施。

若触电者尚未失去知觉，还有呼吸和脉搏，则应立即设法把触电者送往附近医院救治；若触电者已失去知觉，但呼吸、心跳都没有停止，应在通知医院抢救的同时，将触电者放在平坦、空气流通的地方，然后让他嗅氨水，同时可向触电者的身上洒些冷水，再摩擦他的全身，使其发热。

一旦发现触电者呼吸困难，逐渐变弱，或者断断续续有痉挛现象，则应立即为他进行人工呼吸。否则，触电者会很快死亡。

男孩在用电过程中一定要注意保护好自己的生命安全。一旦发现有人触电，切不可慌乱无措，应按照以上步骤对其进行紧急处理，这样能够最大限度地保障他的生命。

常见食物中毒的急救

王建一回到家就闻到厨房里飘出来的饭香味。可是摸摸已经鼓起的肚皮，还是算了。

"小建，今天怎么回来得这么晚？饭都做好了，快点洗手吃饭，今天有你最爱吃的红烧鱼。"妈妈对小建说。

王建打着嗝回答："实在吃不下了，刚在外边和同学吃了好多羊肉串，现在还很撑。"

妈妈皱起了眉头："又是在外面小摊上吃的？不是告诉过你吗？有的小摊上的东西太脏，而且羊肉都不一定新鲜，吃了很容易生病的……"

王建笑嘻嘻地赶紧打断妈妈的话："不干不净吃了没病，你看我现在不是好好的吗？"

半夜睡梦中的王建突然肚子疼，一趟趟地跑厕所，连续跑了几趟后，王建都觉得自己有点虚脱了，想起卧室还有止泻药，就找出几片吃了。

吃了药的王建症状不但没有减轻，反而更严重了。开始头晕、恶心，还胸闷。实在坚持不住了，王建敲开了爸妈卧室的门："爸妈我难受……"

听王建说完症状，妈妈马上反应过来："坏了，小建肯定是吃了不干净的食物中毒了！"爸爸惊叫道："你还自己吃了止泻药？"顾不上埋怨王建了，爸妈赶忙把王建送到医院。

经过一夜的治疗，现在王建已经好多了。经医生诊断，王建确实是食物中毒。食物中毒后又错误地服用了止泻药，病情才更加重了。所幸送医院还算及时。现在只是身体有些虚弱。

"如果继续延误，就该有生命危险了！"医生严肃地说。

食物中毒是指因进食含有毒素的食物所致，以腹痛、呕泻等为主要表现的中毒类疾病。食物中毒在人们日常生活中时有发生，会对人的身体健康造成损害，甚至有时候会威胁生命安全。青春期男孩应加强防范，如果出现食物中毒症状，要及时采取正确的急救方法。

一旦出现食物中毒症状，首先不要慌乱，应冷静分析中毒的原因，针对引起中毒的食物以及吃下去时间的长短采取三大急救措施。

（1）催吐。如果进食的时间不长，在两小时以内可使用催吐的方法。可以把手伸进喉咙轻轻滑动，这种方法较为简单。也可以把食盐和水按照 1∶10 的比例混合冷却后喝下，一直到吐出为止。

（2）导泻。如果食用有毒食物多于两小时，这个时间食物已经到了大肠小肠。可以采用导泻的办法，促使受污染的食物尽快排出体外。

（3）解毒。如果是吃了变质的鱼、虾、蟹等引起的食物中毒，可将食用醋按照 1∶2 的比例倒入水中进行稀释，然后一次服下。

经过急救后，如果患者症状仍未缓解，或中毒较重者，应尽快送医院治疗。在治疗过程中应给中毒者补充淡盐水，并及时给予病人护理，避免其精神过度紧张。

病从口入，平时应该注意饮食安全，预防食物中毒。青少年朋友应当做到以下几点。

（1）养成良好的卫生习惯。饭前便后都要洗手。个人卫生习惯不好，会把细菌带到食物上，细菌跟随食物进入我们的消化系统，影响我们的健康。

（2）选择新鲜和安全卫生的食品。在购买食品时应仔细查看产品出产日期和保质期。

（3）生吃的食物在食用前要彻底清洗干净；需要加热后才能食用的，一定要等熟透之后才能食用。

（4）少吃剩菜剩饭，发霉变质的更是不能吃。

（5）不到没有卫生许可证的小摊贩处购买食物。

（6）不喝生水或不洁净的水。

外出游玩怎样保障安全

选择安全的旅馆投宿

刘兵、胡山源、牛晓峰和顾升四个好朋友结伴去旅行。到了一个海滨城市后，大家为住宿的事情开了一个小型讨论会。

"不行的话，我们住星级酒店吧，安全比较有保障。"刘兵建议大家。

"好贵啊，你要是请客，我们就去。"顾升开玩笑地反驳了刘兵的意见，"我们只要是在市中心去找，应该都不会太危险吧？"

"我想起来一个好方法。"胡山源一拍脑瓜，想出了一个好主意，"我们上网找一找政府信息网，就能找到最安全，且价格最实惠的旅店了。"

"对对，还是胡山源的这个主意好。我们现在就去吧。"顾升对胡山源的意见表示赞同。

大家按照胡山源的想法，到了一家看上去很干净的旅馆，价格稍稍有点贵，不过安全有保证，住得会比较舒心。

"我们4个人，可以开一个包间了。"牛晓峰建议道，"我们4个人分摊费用，也就和白天的打车费差不了多少，呵呵。"

"嗯，对，不能和别人混住一屋，太不安全了。"刘兵说，"我们去看房子吧。"就这样，男孩子们顺利地找到了合适的住处。

旅社是社会上最为复杂的公共场所之一，不论是好人还是坏人，都有可能会在旅社栖息过夜，而更有一些犯罪分子又常常把作案地点选在旅社。所以我们在投宿旅社的时候要有足够的警惕性，要处处注意安全。首先，自己携带的贵重物品，除了洗漱用具和换洗衣服之外，应当全部寄存在旅社的包裹存放处，或者锁在客房内的保险箱里。若与其他旅客同住一室，要防止别人趁你熟睡的时候掏你的口袋，因此最好存放少量现金在内衣口袋，然后穿着内衣入睡。在与同房间的旅客闲聊的时候，不要太热情，更不要轻易暴露自己的家庭住址及家庭成员的详细情况，以防被别有用心的人利用；当对方让你喝饮料、抽香烟或者给你吃糖果时，应该婉言谢绝。

除此之外，在投宿旅社的时候，还有许多需要注意的事项。

（1）选择投宿旅馆要谨慎，最好避免选择投宿环境复杂的小旅社。在投宿期间最好是早出早归，切忌单独外出。

（2）要告知家人旅馆的名称、电话及相关的联系方式，如果是团队出游，一定要记下队友的房间电话。

（3）入住旅馆之后，应该首先察看安全门和安全通道，最好是试走一次，以备危险时刻得以迅速离开，同时还应该注意周围的安全逃生出口及紧急电话联络系统。

（4）留心看一眼旅馆内门窗、锁等设施是否安全，入睡前一定将房内插销扣好。

（5）如果有访客敲门须经再三确认，不可以随便让陌生人进入，如果遇到棘手的事件不好处理，应该打电话请旅馆柜台派人处理。

（6）外出时，应将贵重物品随身携带，千万不要放在房间内。

（7）在使用旅馆电梯时，尽量让自己站在控制钮旁，如果遇到问题，可以立即按警报求救。

（8）在入住客房期间，应该由服务人员陪同检查旅馆房内的橱柜、浴室是否有可疑物品。洁身自好，自尊自爱，不要理睬陌生骚扰电话。

（9）在休息的时候不能卧床吸烟，还应该注意电器的使用安全，有必要阅读旅馆制作的安全宣传手册。

（10）一旦发生火情，首先要冷静，不要慌乱，立即拨打火警电话"119"，并马上与服务台、消防控制室联系。

冷静应对公共场所的拥挤状况

范小北和伙伴们相约一起去电影院看电影，由于他们去晚了，只好随便找个空位坐下了，大家都分散开来坐。

直到影片结束，观众都开始散场的时候，影院中的灯才打开，范小北终于目测到他的好伙伴。

"许楠，我在这里啦。"范小北冲着许楠大喊。

只见许楠逆流而上，往范小北这边跑过来，和往影院出口方向走的观众正好相反。

范小北看到他走过来特别吃力，又大声对他喊："许楠，你先出去吧，我们在外面集合。"

好不容易走出了偌大的电影院，终于又重见天日了。范小北看到许楠在那里等自己。

"人太多，太挤了。我实在是过不去。"许楠向范小北解释。

"呵呵，所以我们要到外面集合。"

不一会儿，刘建和吴伟峰他们也出来了，大家在一起讨论刚才演的那些好玩的片段。说着笑着去找地方吃饭了。

拥挤状况突然发生时，不管是人流同向涌出，还是交汇混杂，都要保持镇定，克服慌张心理。可以躲在障碍物的后面、门背后或贴在墙边，也可以紧紧拉住固定物，防止自己跌倒，被人踩伤。在集体统一通过狭窄的通道时，不要制造恶作剧或开恶意玩笑，以免场面混乱，最好等候人流高峰期过后再行通过。

如果遭遇拥挤现象，自己要学会一些自护措施，采取的任何行动都要以确保自己的生命安全为前提。

（1）出现拥挤时，应伸出双手，随时准备应对紧急情况。不要将双手交叉着放在胸前。最可怕的姿势是双手插在口袋里被挤倒。尽量靠右墙走路。

（2）尽量不要拿过重过沉的东西在楼道中走动，以免遮住自己的视线而不能看见道路和迎面而来的人。

（3）在拥挤的人流中，不要俯身捡拾东西或提鞋、系鞋带等，防止被挤倒在地而被踩伤。在突然被大多数人裹挟向一个方向行动时，不要因为任何事情逆向行动，也许人流前进方向与你要去的目的地背道而驰，也不要做逆流而动的尝试，以免被众人挤伤。由于拥挤现象并不鲜见，所以，作为正在成长的青少年，更应该掌握一些应对拥挤的方法，这些方法能够使你在突然遭遇拥堵时能够保持镇定自若，及时帮助自己走出困境。

登高探险注意安全

周末，小亮和班里几个同学相约一起去公园玩。蓝的天，绿的草，和煦的阳光洒在身上，暖洋洋的，同学们玩得别提有多高兴了。玩得正高兴，突然听到一个小女孩的哭声，于是循着哭声寻找。发现有一个四五岁的小女孩正站在假山前大哭："不嘛……我就是要把那个蝴蝶风筝拿下来，呜呜……"孩子的妈妈在旁边又哄又劝，不过显然没有效果，小女孩继续扯着已经沙哑的嗓子大哭。原来是小女孩在放蝴蝶风筝的时候，风筝断线后挂在假山上了。明白了怎么回事以后小亮他们决定帮助这个可爱的小姑娘。

"看看附近有没有长竹竿或木棍之类的东西。"同学徐东说道。"公园里都是花草哪有什么竹竿啊！"小亮说，"不用这么麻烦了，这个假山也不太高，很容易就可以爬上去的，要知道我可是攀爬能手哦！"

另一同学指着假山前醒目的警示牌说："这个地方不能攀爬的，有危险，我看还是想其他的办法吧。"小亮一心要在同学们面前显示自己的攀爬技能，便不在乎地说："这么小的一座假山能有什么危险，我以前攀登过很多高山，都没有出过问题。"同学们看小亮很执拗，也就都不再说什么了。

小亮挽了挽袖子，后退了几步，然后猛地跃到假山上，手脚并用，一点点向上攀爬，眼看就要拿到风筝了，周围的同学刚要松口气。突然，小亮手里抓的一块石头松动了，小亮心里一惊，慌乱中，脚下又踩空，从假山上滑落下来。

在滑落的过程中，小亮的脸、胳膊都有擦伤，脚也扭了。闻讯赶来的公园负责人赶忙把小亮送到附近的医疗机构检查治疗，所幸伤势不严重。

弄了一身伤的小亮很后悔没有听同学们的劝阻，不仅丢了面子，伤了身体，还连累同学们和自己一起挨批评，心里很不是滋味。

处在青春期的男孩子活泼好动，对于一切事物充满了新奇，爱探险，爬山登高、上树下河都是他们喜欢的活动，随着身高和体力的增加，男孩子喜欢在一些场合展示自己的男子汉气概。诚然这些活动可以锻炼身体、陶冶情操，但是这些活动都存在一定的危险性，在进行这些活动的时候，一定要注意自身安全。

（1）遵守规定，不做危险尝试。比如攀爬吊车、井架，在建筑工地打闹等。

（2）不要为了显示自己的男子汉气概而逞能。不要和同学、朋友打赌做一些危险的事情，也不要激将其他人做危险的事。

（3）注意警示牌。很多场合都有警示牌，如"禁止攀爬""禁止游泳"等，要重视这些标语的警示作用，以避免发生不必要的危险。

（4）参加户外活动时要注意防范昆虫咬伤、野兽袭击，如遇突发状况，应沉着应对。

（5）在攀岩时应注意：攀爬过程中不嬉笑打闹，一步一步地向上攀登。攀登时不要盲目求快，以安全为主。

（6）登假山时，要眼看脚下，放慢步子，缓缓拾级而上，否则容易跌倒扭伤。按照既定路线攀登，不能抄近路、走捷径。有些假山、水塔明令禁止攀爬，我们应遵守规定，切不可盲目攀爬，造成危险。

（7）一般山洞低矮潮湿，地面凹凸不平，又光线昏暗，钻山洞存在一定的危险性。钻洞时应带好照明设备，观察好洞内情况，缓慢前行。对于低矮的山洞要躬身慢行，以防撞头，还要留意脚下，洞内环境潮湿，一些苔藓令洞底湿滑，很容易摔倒，另外，这样的山洞可能会有一些动物，如昆虫，要谨防被袭击。

野外用水安全第一

学校为了对同学们进行生存教育，举行了一次模拟的野外生存活动。陈佳整好行囊，兴致盎然地随着大部队出发了。

一直生活在舒适环境中的他，没有体会过野外生活的欢乐。一开始，确实是满脑子的新鲜感，虽然老师、家长都给他们普及过野外知识，千叮咛万嘱咐劝诫他们要提高警惕，但面对完全不同的世界，过分乐观的心态还是更胜了一筹。自然，刚上阵的激情可以使任何恶劣环境都能看上去更可爱一些，但没过多久，便出现问题了。

由于各人承重力有限，又在野外远足的过程中体力消耗非常大，行囊受限，因而自己能够携带的食物、水都是定量的。当陈佳的水壶见底时，他这才感到，野外生存的考验已经开始了。

任何体力消耗必然不能离开水源。陈佳听老师讲过，脱水过久，身体机能就会开始出现危机。

很快他和他的小分队开始野外生存的第一关：寻找水源，收集制作饮用水。没有头绪的寻找是无意义的。陈佳想到，不如回顾老师上课讲过的知识，定有细节能够应用到实际生存中。他们一边走一边留意路边花草树木的状态，发现不同区域的植物含水性确实有很大的差别。到傍晚时，精疲力竭的小分队，仅在植物表皮刮得一些小水珠，丝毫没有进展。这时，陈佳指着盘旋的鸟群，叫道："跟着它们走！"他领着小分队一路小跑向着鸟群的方向奔去……

男孩喜欢冒险，喜欢在大自然的环境中放松自己。但是在野外，危险随时都会出现。比如，自己带的饮用水喝光了或因各种原因不足了，你只能借助野外的自然资源自己收集饮用水。可以根据树木和青草的生长状况来寻找水源。

在山脚下，寻找那些草长得茂盛、葱翠的地方，往下挖，便会有水渗出；另外，也可寻找一些有水"标志"的树木，如三角叶杨、梧桐、柳树、盐香柏等，在这些植物下挖掘，可见到水。还可以利用一些植物来获取水分，如竹子、仙人掌等。将植物的茎、枝砍成一米长短，把一端削尖竖在容器中，这样就可以得到少量的水。但应注意不能选用冒出乳状液体的植物。

除此之外，还可以根据动物的活动踪迹来寻找水源。鸟群会在水源上空盘旋，在早晨和傍晚，留心它们的叫声，你可确定它们的水源地点。在蚂蚁密集的地点，大多也是可以找到水源的。你还可以根据自然的地形、地貌来寻找水源。干河床在其表面下就可能有水，可选择河道转弯处外侧的最低处寻找，往下挖掘。

取来水后，还要对之进行煮沸消毒。在海平面，至少煮沸 1 分钟；在海拔较高的地区时间要延长，海拔每增高 1000 米，煮沸时间可增加 3~4 分钟。

食用野生植物有技巧

远足一日，徐松一行人早已疲惫不堪，食物也只剩下最后一点。看起来在露宿之前食物是个不小的问题。虽说山中有的是"可利用资源"，但不知如何判断，又无奈只得眼巴巴地看着。

在树下休息片刻之后，饥饿难耐的他们最终还是决定要尝试寻找些可以食用的植物来填填肚子。他们尝试用在野外生存手册上学到的方法搭起"烤架"，捡来些嫩草坚果，准备烤食。这时刘东找来一捧蘑菇，惊喜地对小伙伴们招呼道："有蘑菇啊！"然后兴冲冲跑到烤架边上，欲分享这意外的发现。

徐松一看大惊，立刻对刘东摆手，"蘑菇不能随便吃。"他一脸严肃地说道，"蘑菇很可能有毒，我们绝对不能随便吃。我不知道怎么判断，但是以防万一，还是注意一些好，否则后果严重。"刘东听了这话，也意识到这件事情的严重性，不敢轻易尝试，于是便放下蘑菇，和伙伴们一块去找嫩草、树皮那些能够保证安全的植物了。

回家后，徐松将寻找食物的事情告诉爸爸妈妈，得到了他们欣慰的肯定，爸爸告诉他："在野外的时候，虽然身边有很多东西可以利用，但一定要在平时多了解常识，知道什么是可能不安全的。如果不能判断，就要尽量挑相对安全的，比如你们利用的嫩草树皮，大都不会出现重大问题。蘑菇虽然是好东西，但是有毒的话，后果不堪设想。当然，如果能够判断，就另当别论了。其实啊，判断食物有没有毒，也是有学问的……

在野外的时候，男孩一定要注意一个问题：除非是陷入绝境，最好只选择自己所熟悉的植物吃，或选那些与自己所熟悉的植物相似的吃。

以蘑菇来说，没尝过的，最好不吃，以防中毒。青草几乎都可以食用，其种子收集后，经过炒或煮即可食用，叶和茎也可以食用；树皮内层，除了有苦味的以外，其他的几乎都可以食用，有的甚至可以生吃。坚果一般都可以吃，其中有的虽有涩味，但不会影响健康。

在大量食用自己不熟悉的植物或果子之前，应事先进行试验，方可食用。先选取该植物的一小部分放入口中，细细咀嚼，千万别咽下。然后吐出来，看看你的嘴和舌头是否有病变的感觉。初步尝试之后，如无病变感觉，可吃下一口，不要超过 3~5 克，这样毒素量小，不致有严重反应。如果食用后 1~2 小时无中毒症状（腹痛、恶心、呕吐、头晕胃肠不适、视觉模糊），表示这种食物可以食用。食用不熟悉的果实和块根时，应该煮熟后食用，因为大多数植物中的毒素经加热处理即可以分解。

吃时要在嘴里慢慢嚼一嚼，如果它的味道很难吃，就不要吃了，一般来讲，味道不好并不意味着有毒，但是，对那种烧焦的味、令人恶心的味和苦味要格外小心，因其不一定会引起中毒，但味道不好的食物通常会引起胃肠的不良反应，出现呕吐等症状。当然，如果味道可以接受，便可以接着吃下去。

吃完以后，如果 6~8 小时后仍无中毒状态，就不会有事了。如果发现有中毒症状时，应立即采取措施。

（1）催吐：可用手指或其他代用品触及咽喉部，直至吐出清水为止。

（2）导泻：常用的导泻剂有硫酸镁和硫酸钠，用量 15~30 克，加水200 毫升，口服。

（3）洗胃：最方便的可用肥皂或浓茶水洗胃，也可用 2% 碳酸氢钠洗，同时可除去已到肠内的毒物，起到洗肠的作用。

（4）解毒：在进行上述急救处理后，还应当对症治疗，服用解毒剂。最简便的可吃生鸡蛋清、牛奶或用大蒜捣汁冲服。

（5）有条件的可服用通用解毒剂，其主要作用是吸附或中和生物碱、重金属和酸类等毒物。

怎样应对野外动物伤害

李晨是个小摄影迷，在摄影比赛中获了各种各样的大奖，是个颇有个性的冒险家。为了拍出特别的照片，他常常往外跑，到各地去取景。最近，他有点想要改变自己的摄影手法和主题，想起要近距离地拍摄动物。这就要求他要更加接近自然地去探险一回了。李晨常在外跑，也深知不能太过于"英勇"，否则莽撞的后果会不堪设想。但是这一回，为了拍动物，他的确是"豁出去"了一把。可是要知道，他毕竟只是一名学生，对于未知的自然认知还太少，哪里知道凶险无处不在。

就当他专注地调着相机取景、锁定目标时，他丝毫没有意识到，在他脚边的不远处伏着一条虎视眈眈的毒蛇。李晨忽觉小腿一阵疼痛，一甩腿竟甩出蛇来……

一个几乎没有野外生存经历的学生，独自在外地遭遇毒蛇，倘若不知自救，大概后果就可想而知了。

幸运的是李晨被咬伤后正巧碰到沿路的村民。有经验的村民一看伤口不对，立即为他进行处理，用鞋带绑扎伤口近心口处，而后带李晨到他们家，为他清洗伤口，处理毒液，总算是不幸中之万幸了。

这件事过后，李晨便养成了一个习惯，每次外出取景，都必先查查地形和安全注意事项，拍摄动物的时候也做好严格的安全防护措施，再不敢鲁莽行动了。

在野外遇到动物伤害，无法得到及时救治非常危险。喜欢野外冒险的男孩一定要牢记以下一些常见动物伤害的自救方法。

1.毒蛇

如果不幸被蛇咬伤，首先要判断咬伤自己的是否为毒蛇。一般的毒蛇有如下特征：头部呈三角形，身上有彩色花纹，尾短而细。毒蛇咬伤的伤口表层通常会有一对大而深的牙痕，或两列小牙痕上方有一对大牙痕，有的大牙痕里甚至留有断牙。且伤口的颜色会在较短时间内变成深色甚至是乌色。如果一时无法判断是否被毒蛇所伤，为了安全起见，还是要按照毒蛇咬伤进行处理。

首先要防止毒液扩散和吸收。被毒蛇咬伤后，一定不要惊慌失措、奔跑走动，这样会促使毒液快速向全身扩散。被毒蛇咬伤者应立即坐下或卧下，自行或呼唤别人来帮助，迅速找来一些鞋带、裤带之类的绳子绑扎伤口的近心端，绑扎的目的与止血不同，仅在于阻断毒液经静脉和淋巴回流入心，而不会妨碍到动脉血的供应。

绑扎完成后要接着迅速排除毒液。这需要立即用凉开水、泉水、肥皂水或 1∶5000 高锰酸钾溶液冲洗伤口及周围的皮肤，以洗掉伤口外表毒液。如果伤口内有毒牙残留，应迅速用小刀或碎玻璃片等其他尖锐物将之挑出，以牙痕为中心作十字切开，深至皮下，然后用手从肢体的近心端向伤口方向及伤口周围反复用力挤压，以促使毒液从切开的伤口排出体外，同时要边挤压边用清水冲洗伤口，冲洗挤压排毒需持续 20~30 分钟。

此后如果随身带有茶杯则可以对伤口做拔火罐处理。利用杯内产生的负压吸出毒液。如无茶杯，也可用嘴吮吸伤口排毒，吸出的毒液要随即吐掉，吸后要用清水漱口。排毒完成后，伤口要湿敷，这样有利于毒液的流出。

去野外旅行的时候，最好随身备一些蛇药，这样一旦被毒蛇咬伤就可立即口服以解内毒。伤者如出现口渴，可以给足量清水饮用，切记不可饮酒精类饮料，因为这样可能会加速毒素的扩散。经过切开排毒处理的伤员要尽快用担架、车辆送往医院做进一步的治疗，以免出现在野外无法处理的严重情况。

2. 蝎子

蝎子是一种毒虫，通常只有几厘米长，最长的可达 20 厘米。它的尾巴像一根粗粗的辫子，尾端有毒腺和毒针，蝎子用尾针蜇伤敌人，同时毒腺分泌毒液。

蝎子蜇伤局部可见大片红肿、剧痛，重者可出现寒战、发热、恶心、呕吐、流涎、头痛、昏睡、盗汗、呼吸增快及脉搏细弱等。被蝎子蜇伤后，应该迅速把伤口切开，然后用高锰酸钾溶液冲洗。接着要对伤口部位进行冷敷，涂抹皮质激素软膏。如果是被毒性较大的蝎子蜇伤，要立刻送往医院，由医生注射特效抗毒素。

3. 毒蜘蛛

毒蜘蛛大多表面颜色艳丽，所以在野外遇到"漂亮"的蜘蛛最好不要招惹它。若被咬伤，应该先用绳子、手帕、裤带等扎紧伤口近心端，同时每隔 15 分钟放松 1 分钟。接着用消过毒的大号缝衣针和三棱针刺伤口周围，然后向外挤压伤口，这样可以排毒。再用肥皂水冲洗患处，然后涂上小苏打糊剂。严重者应尽快送医院诊治。

蜘蛛一般没有太大的毒性，但有些蜘蛛如"黑寡妇"，有剧毒。因此，不管是哪种蜘蛛，都不要因为好奇去"逗惹"它。

野外遇险如何发求救信号

终于放暑假了，喜欢户外登山运动的王帅联络了几个有共同兴趣的同学成立了一个"暑假登山队"。

周一天气晴朗，而且气温不高，是团队开展活动的好时间。确定好时间，王帅他们几个小伙子开始确定登山路线。几个小伙子为了这次登山做了大量的准备，包括鞋子、服装、背包的选择，还带了足够的水和食物。爸爸看着王帅兴高采烈地忙碌着，就帮着检查了一下物品。"怎么没有哨子、打火机、手电筒之类的？"爸爸惊奇地问。"您以为我还是小孩，还爱玩哨子呢？"王帅不禁笑起来，"又不是去野炊，不用带打火机。当天就能回来，要手电筒就更没有用了！"王帅感到爸爸的话很好笑。

爸爸看着王帅，严肃地说："山上通常会很空旷，又多有茂密的植物，不小心就会迷路和同伴走散。要是迷路了，和同学走散了，你应该怎么办呢？"

王帅一下被爸爸问住了，他还从来没有想到过这种情况呢。想到爸爸说的几样物品突然明白了："是不是要是迷路了，又没有力气喊，就拼命吹哨子，晚上可以用打火机或手电筒照明，这样就可以让别人发现我们？"

爸爸摇摇头，说道："可以让别人发现你们，但是别人不知道你们需要帮助啊。"

"这都是有专门的求救信号的，只有正确地使用求救信号，才能及时得到救援。"爸爸接着说。王帅觉得更疑惑了。

看到王帅对这方面的知识一无所知，爸爸决定给儿子好好补补课。

于是详细地给王帅讲了求救信号的种类，如烟火信号、声音信号以及色彩信号等，并讲了应该如何正确利用这些信号，在必要的时候帮助自己摆脱困境。

"实在太神奇了！原来有这么多信号，每种信号都这么有讲究！我学到了很多，谢谢老爸！"王帅欢快地对爸爸说。他把这些详细记录下来，并做了整理。他要迫不及待地把这些知识和他的队友分享。

男孩在野外游玩，很多时候可能会遇到一些连自己和身边的朋友或家人都无法解决的难题。这时候就需要男孩及时对外求救。那么对求救信号的发送，你了解多少呢？

（1）国际通用的山中求救信号是哨声或光照，每分钟6响或闪照6次，间隔一分钟后重复同样的信号。

（2）如果有火柴和木柴，则可以点起一堆火，烧旺后加些湿枝叶或青草，使之升起大量浓烟。

（3）穿着颜色鲜艳的衣服，帽子也应选择鲜艳的。

（4）用树枝、石块或衣服等物在空地上砌出SOS或其他求救字样，每字最少长6米，如在雪地上，则在雪地上踩出这些字。

（5）用颜色最鲜艳、宽大的衣服当旗子，不断挥动。

（6）看见直升机到山上来援救而飞近时，引燃烟幕信号弹（如果有的话），或在附近生一把火，升起浓烟，让救援者知道风向，这样能帮助救援者准确地掌握停靠的位置。

野外游玩，男孩在欣赏山水美景的同时，还要注意安全，不要因为玩而受到伤害。以上方法一定要记牢，遇到危险的时候能够起到救助作用。

火眼金睛，识破骗子的诡计

常见的电话或短信骗招

上高中以后，范睿开始住校。爸爸妈妈为了方便联系，给他买了一部手机。安全起见，范睿每天时时刻刻都带着它，生怕把这宝贝玩意儿弄丢了。

这天，范睿下了课，掏出手机准备给爸爸妈妈打个电话，竟见到一个未接来电。奇怪，为了专心学习，范睿的号码谁也不知道，只跟家里联系呀，怎么会有陌生的未接电话呢？他刚想回电，突然想到爸爸给他手机的时候对他说过，如果有陌生的电话，千万不能回拨，奇怪的短信也不能理睬。

范睿给爸爸打了个电话，寒暄了一番，汇报了一下在学校的学习生活情况，然后把未接来电的事情告诉了他。

"你没有回拨吧？"爸爸的声音听起来有点紧张。

"没有，我记得你当时跟我说过不要理未接电话。怎么？会有什么问题吗？"

"是啊，遇到有陌生电话的情况，忽略就好了，千万不能理睬它。如果是打错电话倒还好，要是骗子，可就惨了。"

"骗子？"

"你还没有社会经验，容易受骗，所以爸爸才事先告诉你不要理睬陌生电话。现在通信这么发达，手机骗子可多了。比如有些号码，如果你回拨的话，电话费能扣 500 元！有时候他们也用短信诈骗，比如说中奖啊、点播啊、汇款啊，都是绝对不能轻易相信的。"听爸爸说完后，范睿更加谨慎地用手机了，遇事也总跟家人商量，从不自己妄作决定。

手机在现代社会已经得到普遍应用，而手机短信更是人们互相联络的得力助手。然而，手机短信中存在很多安全隐患。因为很多不怀好意的人往往会通过发送诈骗短信来牟取钱财。因此，常与手机短信打交道的男孩一定要提高警惕，防止自己掉入不法分子的短信陷阱里。

网上购物防诈骗

最近班里掀起一阵不小的网上购物潮流。陈聪找同学问了操作步骤之后，回家也开始对着电脑查找自己想要的游戏光盘。"听说网上能找到那个碟啊，小店里已经卖完了，你去网上找吧。"听着好朋友小天在电话那头说着，陈聪立即开始搜索了。"有了！我把它买下来！"

陈聪按照同学们教他的步骤付了款，填了地址，然后，就眼巴巴等着光盘赶紧寄过来了。

"小聪啊，这个不对啊！你看，不是正版的！花了多少钱啊？"

陈聪一听，猛然意识到这事情不太正常了。他回家打开电脑，翻回到那个购物的网站仔细看了一下"实物图"。这所谓"实物图"，其实原来根本就是假的，寄过来的盘跟网上图片上的完全不一样。可是能怎么办呢，钱也退不回来了，正版碟也没买到……陈聪哭丧着脸，找爸爸抱怨，"什么足不出户啊，都是骗人的！"

"网上购物确实方便，但是也要懂技巧。这次的事情就当是个教训吧，要知道网络资源太杂，骗子也就容易藏身，所以要是在购物的过程中不谨慎小心，就很容易受骗上当的。"

网上购物，你也需要注意以下几点。

（1）网托诱惑。一般的消费者看到"卖家好评率"和"卖家信用"时，便会放心地把款汇到对方账户。于是卖家往往会找身边的好朋友来当"托儿"，对自己的网店进行留言，网站则根据这些点评就会生成"卖家的信用等级"。

（2）货品标价。在很多网站会看到一些价格上超乎想象的"宝贝"，进去一看，还确实是好产品，再寻思这个"天上掉馅饼儿"的价格，难免会有消费者动心。但实际上，这类商品往往或者质量有问题，或者是无法保修的"水货"，或者干脆就是商家设下的一个骗局。

（3）看图买货。看了图片引起购买欲望的消费者不在少数，但买了之后后悔的也不少。实际上，有的网站对照片没有任何要求，既可以从网上下载，也可以实物拍摄。因此，卖家随意发布产品图片信息，以次充好的事情就总是会出现。

如果选择网上购物，一定要选择那些信誉度比较高的网站；同时，也需要提高自己的鉴别能力，不要在购物的时候让网络骗子得手。

对于经常遨游在网络世界中的男孩，一定要学习一些网络安全知识，对于可能会出现的各种诈骗方式，自己一定要提高警惕。只有这样才能使自己在享受网络资源便利的同时保护好自己的权益不受侵害。

遇到绑架怎么办

"听说老林家的儿子被绑架了！"

"是啊，那绑匪也太丧心病狂了，那孩子还这么小，真下得去手！"

"救出来了吗？"

"救出来了，听说身上有伤！"

最近几天白马小区里都议论纷纷。

被绑架的是 10 岁的林林，一个可爱的小男孩。林林和刘伟同住在一个单元楼，见面林林总是热情地叫哥哥，慢慢地两个人就熟悉了。林林总是缠着刘伟让他陪自己踢球，给他讲故事。刘伟很喜欢这个热情的小男孩。这次林林被绑架，对刘伟一家人的震动很大。一直觉得绑架这种事情离自己的生活挺遥远，没有想到这么不可思议的事情竟然会发生在自己身边。

被解救回来的林林，除了身上有很多瘀伤之外，最令人痛心的是，原本活泼开朗的他现在怕见到陌生人，见人就躲。这次绑架给林林幼小的心灵带来了挥之不去的阴影。据说是因为林林平时总是全身名牌地在小区里进进出出，引起了坏人的注意。有一天，当林林独自在小区广场玩耍时，那个绑匪用一根冰激凌就把林林骗走了。林林出事之后，爸爸妈妈对刘伟的安全都提高了警惕。他们不断地重复：有陌生人接近你时，一定要保持距离；陌生人给的水、食物都不能碰，礼物坚决不收……

刘伟也觉得自己太缺乏这方面的知识，就在网上收集了很多警惕预防绑架以及被绑架后如何应对的方法。并且在爸爸的帮助下，把这些知识归纳整理后誊抄在笔记本上。他要把这些知识和同学们一起分享，共同提高警惕，加强自身安全。

青少年朋友经验少，对社会认识不足容易轻信他人，因此很容易成为绑匪的目标，那么我们应该怎样预防遭绑架劫持呢？ 如果不幸遇到，我们又该怎样应对呢？青少年应该自己提高警惕。

（1）不要独自外出、上下学，要和其他人结伴而行。

（2）出外时将行踪告知父母或老师，并说明返回的时间。

（3）进出家门要养成随手关门的习惯，以防坏人入室。

（4）不接受陌生人赠予的任何东西。

（5）不搭陌生人的顺风车。

（6）如果遇到陌生人驾车问路，应保持一定距离，不可贴近车身。

（7）平日穿戴整洁干净即可，不要盲目追求名牌，过分招摇。

另外，学校是青少年活动的主要场所，学校里也应该提高警惕。

（1）有陌生人来学校以任何理由要接走学生时，都应尽快与家长联系并求证。

（2）对于学生及家长的资料，应严格保密，不能外泄。

（3）应密切注意学校内出现的可疑分子，并上前盘询或报警处理。

万一不幸被绑架，青少年朋友要记住：首先要做到的是保持沉着冷静，这时候一定不要慌张，也不要贸然采取措施。应对方法不同，结局就有可能完全相反，有的被绑架的可以毫发无伤地平安归来，还有一些被残忍伤害，甚至丢失生命。除了一些外部因素，自身的应对措施是使自己平安的关键。

（1）保持头脑冷静，千万不要惊慌失措。保持头脑清醒，思考对策，并观察周围的环境，看是否有逃脱的可能。如果自己手足无措，将致使自己处于更不利的环境。

（2）要有坚定的求生信念，不论什么时候都不要放弃。被绑架后心情很容易悲观、失望甚至绝望。要坚信自己不是孤立无援的。我们的父母、老师、朋友、警方都在为解救自己而努力。不能在劫持者伤害自己之前先被自己打垮。

（3）尽量周旋，稳定绑匪的情绪。可以表面上装出很温顺乖巧的样子，降低绑匪对你的防备，伺机逃跑，但是如果地处偏远，周围没有人烟，一定要避免和绑匪搏斗或盲目地呼救，以免造成不必要的伤害。

（4）尽量避免大幅度动作，以免刺激劫持歹徒做出一些过激行为。

（5）当绑匪要你写信或者打电话给家里人时，应当尽可能地透露自己的行踪、所处位置，在打电话的时候尽量拖延通话时间，便于警方调查追踪。

（6）被非法关押后，应仔细观察环境，如有临街的窗户，可以写纸条扔到窗下寻求帮助。也可以利用东西敲击下水道，引起其他人的注意。这些行动都应以不惊动绑匪为前提。

（7）要设法记住绑匪的外貌、口音或者车牌号，以便日后警方尽快破案。

擦亮眼睛，识破骗局

"十一"假期，刘童和爸爸乘长途汽车从杭州到深圳，下了高速公路之后，一个提着大包破破烂烂的行李的人上车了，感觉有点傻头傻脑的，就像《天下无贼》里面的傻根似的。

"傻根"刚上车，就有一个穿戴整齐的人热情地和他说话。"傻根"傻傻的，说话特别逗，刘童被他们的对话吸引了。"兄弟，这是去哪儿啊？""去深圳打工挣钱，盖房娶媳妇啊！"说着就拿出一瓶不知装着什么饮料的易拉罐。可是他好像不知道怎么打开，一个劲儿地又抓又咬。坐在旁边的人就热心地为他打开易拉罐，"傻根"喝完了刚要扔掉易拉罐，另一个乘客说："最近厂家正在搞活动呢，快看看有没有中奖！"并拿过易拉罐帮他检查。

一个小铜牌被拽了出来，那人惊叫道："中奖了，中奖了，5 万块啊，发啦！""这个兑奖流程很复杂的，你会吗？""傻根"疑惑地摇摇头。

那位乘客就赶忙说："卖给我吧，我把我身上的钱都给你，还有手机。"他说着真把几百块钱还有手机递给"傻根"。这时候后面又有人喊："卖给我，我出的价比他的高！"几个人满车里叫嚷："还有谁出价高？"

刘童兴奋地对爸爸说："5 万块啊，爸爸你身上不是有钱吗？快买吧，晚了就来不及了。"爸爸对刘童笑了笑，示意他不要作声。

正当车里乱哄哄地争抢易拉罐时，一个文质彬彬戴着金丝眼镜的人开口了："我刚做成一笔生意，箱子里面都是英镑，你们可以鉴定一下。"周围的人围着又看又摸，得出的结论是真钞。于是"傻根"就把小铜牌卖给了金丝眼镜。

过了一会儿，"傻根"和热情乘客，还有"金丝眼镜"陆陆续续下车了。刘童一直替"傻根"抱不平："那人太傻了，被人骗了都不知道！"爸爸开始哈哈大笑："满车人里就你最傻了，分明是一伙骗子。"

刘童心里想，原来爸爸早就看出来那是骗局了，要是自己还真有可能上当受骗，以后一定得加强警惕。

目前，社会上骗局花样繁多。青春期男孩涉世未深，极易因善良、轻信、贪便宜等误入陷阱。下面举出几种骗子常用的诈骗类型，以供识别。

1. 利用贪小便宜心理

过年的时候，因为学习成绩优异，17岁的小林从父母、祖父母那里得到了几笔丰厚的压岁钱。春节过后，小林去商场想买一部手机。途中，一个年轻人拦住他的去路，向他兜售一部款式新颖、小巧玲珑的手机。声称市场价3000元，因有急事要转让。小林看了一眼就十分喜欢，没有多想就付款1000元成交。岂料，当他拿了这部手机来到附近的通信公司办理上网手续时，工作员却告诉他，这是假手机。小林马上返回原地寻找卖手机的年轻人，结果那人不见踪影了。后悔莫及的小林就这样白白地被骗去1000元。

2. 装悲惨型

社会上不少骗子利用青少年的善良本性，以残疾、走失、丢失钱包、落难者、灾区群众、失学等名义进行诈骗。尽管青少年应富有同情心，但防范之心绝不可少。

3. 调包

电视节目中曾专门介绍有关掉包记的案例，有手机调包的，还有香烟调包的，骗子的施骗伎俩大同小异。比如：骗子谎称自己有急事需要用钱，要马上出手手机等物品，再出一个让人心动的价位，骗子先给你看的是真货，等到你交完钱，在递给你货的时候就已经调包了，待你发现的时候，骗子已经逃之夭夭。所以当你购物时一定不要给骗子调包的机会，看好的东西不要换手。

4.中奖型

骗子常用寄包裹、打电话、发短信或 QQ 信息等方式通知你"中奖了"，通常是数目极大或礼品丰厚，但必须先付 20% 的税金或手续费才能领奖，要你汇款或直接到自动取款机去转账。在转账过程中，骗子会一再以操作有误，没收到钱为由，不断要你转账，结果三转两转就把你户头里的钱转光了。

5.招聘陷阱型

许多骗子公司用虚假广告招聘业务员、公关经理或模特等，让受害者缴付报名费、押金、摄影或训练费用，而后逃之夭夭。有的利用大学生求职心切的心理，致使其陷入传销队伍。还有的在谎称提供优惠待遇的同时，要求受害者先到美容院等地进行"修身"，相关费用自己承担，这样往往涉及数千元至数万元。

6.手机短信型

最近手机短信骗术又有了新花样，这个新花样还真的很容易上当。比如：你接到一条短信，大体意思是你在某地方进行了消费，要从你的银行账户上划拨多少多少钱，请你确认，如果有问题请与哪里哪里联系。一般的人遇到这种情况都会吓一大跳，特别是大学生本来不宽裕，一看到自己的钱要没了，就马上打电话，殊不知打电话实际上就是中计了，骗子就是通过电话一步一步引你上钩，最后套出你的银行卡号和密码，在你到取款机插卡查询时，骗术生效。所以，如果有关于银行卡的问题要直接与银行联系，不要怕麻烦，到柜台前询问，绝不能按照骗子的指点到自动取款机上操作任何事情。

7.以特殊身份进行诈骗

2016 年 7 月，一名女大学生在火车站等人时，一位自称是韩国某导演的人与她攀谈表示想为她投资。后来，女孩被骗财骗色。罪犯被抓获后，供认是某地一无业游民。此类型是以社会上的"名流""能人""大款"的名义投人所好地进行诈骗。

8.丢包陷阱

一人"无意"丢下一包东西，被丢的包里往往装满假钞、假金首饰，另一人上前装作是与你一起发现的，要求平分拣到的东西，并花言巧语让你得大部分，但要你拿出身上的钱或佩戴的金饰抵押。请不要贪图小利，应立即将捡到的东西送派出所或拨打"110"报警。

9.假金器、假药诈骗

骗子们往往以假金元宝、假草药和假邮票等冒充贵重物品为诱饵，谎称家里急着用钱，希望低价出售，并安排一些"托儿"假装对货物很感兴趣。请千万不要轻易掏钱购买，应及时报警。

10.外币兑换人民币诈骗

不要相信骗子的谎言，外币兑换应在指定的银行办理。

11.吃喝陷阱

不要吃（喝）陌生人的东西，不要被他人的盛情迷惑，要婉言谢绝他人的"好意"，青春期男孩初入社会，为防止被诈骗、伤害，应做到以下几点。

（1）要有反诈骗意识。"害人之心不可有，防人之心不可无。"对于任何人，尤其是陌生人，不可随意轻信和盲目随从，不要因为对方说了好话，许诺了好处就轻信、盲从。

（2）切忌贪小便宜。对飞来的"横财"和"好处"，特别是不很熟悉的人所许诺的利益，要深思和调查。天上不会掉馅饼，要克服贪小便宜的心理，保持应有的清醒。

（3）不要感情用事。新认识的"朋友""老乡"，遭遇不幸的"落难者"，若提出钱财方面的要求，要学会听其言、观其色、辨其行，要懂得用理智去分析问题，切不可被一些表象所蒙蔽。

（4）不要过分崇拜"名流"。不要轻易相信所谓的"名流""能人"，对他们过分的热情和热心的"帮助"，应当保持足够的警惕。

树立正确人生观，拒绝早恋

把握友情与恋情的尺度

在男女交往中要区分开什么是友情，什么是爱情。要把二者的界限明确化，而不能模糊不清，以免造成误会。只有让双方都明确彼此之间是友情而不是爱情，在日常交往中才不会造成误会，才会给彼此留有必要的空间。

青少年在与异性交往时，特别重要的一点是要分清友谊与爱情的界限。友谊和爱情之间既有联系又有区别。人们之间的爱情关系和友谊关系都是以彼此之间相互欣赏为基础的。友谊和爱情两者之间有严格的区别。

首先，内涵不同。友谊是同学或朋友间的一种平等的、诚挚的、亲密的、互相依赖的关系。而爱情则是一对男女之爱，并渴望对方成为自己终身伴侣的关系。

其次，对象不同。友谊是广泛的交往，而爱情则是在一对男女之间发生的。友谊可以通四海，朋友可以遍天下，人们可以和各种对象发展友谊。而在爱情世界里，却是男女之间的隐私之情，只能是真挚专一，如果第三者加入，便会产生嫉妒心理和排除异己的行为。

最后，要求不同。友谊关系中，主要承担道德义务。而爱情关系在双方缔结婚姻关系后，不仅要承担道德义务，还要承担法律责任。异性朋友一定要注意，不要模糊两者的界限，否则不但会失去友谊，还会失去爱情。

因此，男孩子与异性交往，要学会正确利用奇妙的"异性效应"，学会彼此欣赏和相互学习，同时要尽量把握好交往的尺度，让自己身边多一些朋友。

从单恋的幻影中走出来

安可和妈妈一起去参加一个夏令营，有一个小姐姐吸引了安可的注意。她在那个夏令营里面做志愿者，看上去清秀漂亮，温文尔雅，不知为什么，安可总是把她和小鹿联系在一起。

有一次，安可不经意闯入了这个夏令营的后房，看到她在那里准备中午的饭菜，当时吃了一惊："原来你的工作就是负责日常的伙食啊？"安可很难想象这样一个相貌秀气的女孩竟然愿意做这些事。

她却笑了笑说："我们是来这里学习，做什么工作不是利人呢？安下心来让自己做最基本的工作，才会真正树立服务社会的精神。"安可听她这样一讲，觉得有道理，心里更加尊敬和佩服她了。

以后，安可总是会抽时间特意跑过去看她在做什么，如果是集合的话，他也会努力希望能够从人群中找到她。有时看到她不忙了，他还会找机会和她一起聊聊天。"我也在这里当志愿者，好不好？"安可问她。

"其实，只要你具有这样的精神，身在哪里都一样，真的。"她一脸真诚地对安可说。

"我很想留下来，能多学一些。"安可任性地对她说。

她看看安可："等等，我找点东西给你。"说着。她去了一间小仓库，不一会儿又出来，她要送给安可一本书。

"我找了半天，只剩下最后一本了，封皮有点破了，不过还好，里面还是新的，你拿回家去好好学习吧。"她把书递到了安可的手里。

从夏令营回来之后，安可经常会一个人默默地想念她，想起她清瘦的样子，想起她那张秀气的脸和在厨房里辛苦工作的样子，想起临走时她对自己的鼓励，想起她的出语不凡……总之，安可总会想起她，总会在晚上睡不着的时候翻开她给自己的那本书。

我们都会做梦。男孩子小时候也许都梦想自己是一个英俊的王子，历尽千辛万苦终于找到了自己心目中的公主，她美丽大方、温柔体贴，最喜欢的就是她那双会说话的大眼睛；女孩子小时候也许都梦想自己是一个美丽可爱的公主，等着白马王子来迎接自己，他英俊高大、机智幽默，你最喜欢的就是他深沉且略带忧郁的眼神。之后，男孩和女孩都长大了，并在现实生活中寻找自己的公主和王子。当发现某个人的某种特质与自己梦中的理想对象相符时，就会对对方产生好感，也就是我们所说的喜欢。可能你认为这就是爱，而实际上，喜欢和爱是有本质区别的。喜欢是尊重对方，认为对方有其优点值得自己去尊重，且有好评，也认为对方的态度与自己相似。而爱情则包含亲密的感情、关怀对方和情绪上的依赖。由此可见许多人的爱情感觉，其实只是有浓烈的喜欢感觉而已。但有些人却将这种喜欢当作爱情，认为对方与自己的关系和别人不同，因此有时候会产生认知的偏差，误以为我对你这么好，你怎么可以不理我，怎么可以和别人嘻嘻哈哈，不是认为自己已坠入爱河，就是自己在单恋或者失恋。仔细想一想，你对她的感情究竟是喜欢还是爱。喜欢就像一条小溪，清澈见底；爱则是一片汪洋，浩瀚无边。你需要用心去聆听，才能将二者分辨出来。如果不经过理性的思考，只是跟着感觉走，就会混淆二者，导致判断失误。以致自作多情，甚至自寻烦恼，耽误了青春和学业。

也许现在我们还不成熟，考虑问题还不全面，随着日后知识的增长、视野的开阔、心智的成熟，很容易"见异思迁"。其实并不是你"变心"了，而是本来并没有去爱。爱一个人是要求感情专一的，而喜欢则不是，你可以在不同时间喜欢不同的人，甚至可以在同一时间喜欢不同的人。

所以，青春期的男孩不要轻易说爱谁。只有弄懂了爱的深层含义，你才有资格说出这个字。爱一个人，是要负责任的，问一问自己，已经做好准备了吗？

炫耀异性的爱慕，会伤害他人

学校的心理咨询室外面有个小小的信箱，有一天心理老师收到了这样的一封求助信件：

"在学校那个小天地里，我们所有的方面都会被拿到竞争的天平上比个你输我赢才肯罢休。男孩子们的虚荣在各个方面都会不断膨胀，我们会在学习成绩上一较高下，也会在运动场上玩命奔跑，只为成为那个最受瞩目的人。

与女生交往，男生会觉得很有面子。而被女生追，对虚荣的男生们而言是一件特别荣耀的事情。

我就是这么一个虚荣的家伙。

我不知道爱情是什么，我也没有真的喜欢过哪个女生。我不能体会那种喜欢一个人的心情。但是班上有个文静的女生，有天突然找到我，说有话跟我说，我被她拉到操场，绕着操场转了一圈又一圈，她都不说话，好久之后，她才吞吞吐吐地告诉我，她喜欢我，她说运动会的时候看见我受伤了还坚持，觉得我很坚强，后来就一直关注我。

我忘记了怎样结束了那次谈话，后来她经常用精美的信纸给我写信。信的内容大部分是柔软的文字，还有来自一个女孩子的关心之类的。我并没有特别的感觉，只是被一个女生这么关注，感觉自然良好。

一次课间，我跟几个哥们儿吹嘘我如何受欢迎的时候，就说了这个女孩追我的事情，并且添油加醋地说她死缠着我不放。同伴们投来羡慕的目光的时候，她正好经过附近，我抬起头看到了她泛红的眼睛。

我后悔自己的吹嘘，可是大家都知道了她追我的事情。她再也没理我，在班里也更沉默了，听说班主任还找她谈话了。学期结束后，她就转学走了。我连道歉的机会都没有、我现在很懊悔！"

这位男孩的来信道出了他的苦恼。面对别人的喜欢，我们该怎么做呢？虚荣心是无法回避的人性的阴暗面，每个人都有虚荣心，我们要时刻保持着警惕，不要让虚荣心轻易地表现出来。

拥有异性的爱慕，是可喜的事，因为这代表你有着某种吸引力，你会因为自己拥有这种魅力变得更加自信。根据一般人的心理，遇到让自己觉得骄傲兴奋的事情就喜欢与人分享，但是感情这种东西是不能分享的——对于爱慕你的人而言，这就是一种炫耀。设身处地地为喜爱你的人想一想：我爱慕你，投入了纯真的情感，这种情感却被你当作炫耀的筹码。试问这对爱慕你的人而言，是不是一种莫大的伤害？炫耀异性的爱慕，是自己不自信或不成熟的标志。把异性的爱慕变成提升自己身份的一个筹码，而不是真心地去对待这份感情，何尝不是一种残忍？

爱情，尤其别人对你的暗恋，应该放在心里，让它自然酝酿、生长，没必要拿出来炫耀。这种炫耀会伤害到对方，也有可能伤害到你自己。

在爱情问题上，人们往往比较敏感。本来在一段没有结果的感情面前，对方的感情已经非常脆弱了，你还要去炫耀，让对方肝肠寸断，遇上情绪容易激动的人，做出袭击报复等疯狂的事情，后果将无法想象。

所以，青春期的男孩子一定要注意，不论是在什么情况下都不能炫耀异性对你的爱慕。请把这份美好的感情深埋在心底，你会保护一颗敏感而温柔的心，从某种程度上讲也是保护了你自己。

如何结束一段感情

杨崇山终于下定决心要和女友赵文文"一刀两断"了，不过在下这个决定之前的过程是多么的痛苦，只有杨崇山一个人知道。

杨崇山想，让两个人都来真诚地面对这一切吧。杨崇山把自己的想法，原原本本地讲给赵文文听，相信她是会理解的。此时最好的方法也只有快刀斩乱麻了，长痛不如短痛，就这样吧。

晚上，杨崇山没有一丝睡意，给赵文文写了一封很真诚的信：

"赵文文：我很高兴和你一起度过一段快乐难忘的时光，它将成为我一生中最美丽的经历，我会把它珍藏到永久。只是，我们现在还都是学生，老师寄予我们希望，父母也对我们抱有厚望，我不想辜负他们。和你在一起的日子很快乐，但是我却迷失了自己，我很想重新回到以前，专心学习，实现我最后的理想。赵文文，我只是想说，你是一个很好的女孩，我想和你分开并不是你的原因，只是我很难将自己的精力集中，所以请你不要误会。同时也希望你也能好好学习，努力向上，争取好的成绩吧。"

放下笔，杨崇山长长地舒了一口气。他想每个人的一生，都有自己要做的事，自己并不是为了一个赵文文而活，而是要为自己的将来而努力，应该是这样吧。

杨崇山很想好好祝贺一下自己，终于知道什么对自己才是最重要的。

青春期男孩在面对异性时，在面对此种青涩的情怀或情窦初开的现象时，更应该冷静地思考：我真的喜欢她吗？我了解对方吗？对方了解我吗？她有什么优缺点？我能容忍她的任何缺点吗？我能在学业与交异性朋友之间做妥善的安排吗？因为交异性朋友就牵涉"做决定"与"负责任"的问题，什么时候做决定较恰当？什么时候做决定较完美？什么时候交异性朋友较理想等都是必须深入考虑的问题，在身心尚未发育成熟时就交异性朋友，不但对自己的成长没有帮助，相对地会影响并阻碍其他各方面的发展。

更重要的是，此时的我们通常无法为自己做的决定负责，必须由父母或他人来承担后果，一时的激情必须以终生的幸福作为赌注。因此，喜欢一个人要等她长大，也要等自己长大，长大以后再说爱。

早晚有一天，你会长大，你会发展，你会走出现在小小的生活圈子，你会遇见更多的人，也许那个最适合你的人仍在远方，需要你长大以后才能与她相识、相恋。